John Hartley

Seets i' Blackpool, Fleetwood, Lytham, and Southport

John Hartley

Seets i' Blackpool, Fleetwood, Lytham, and Southport

ISBN/EAN: 9783337149017

Printed in Europe, USA, Canada, Australia, Japan

Cover: Foto ©ninafisch / pixelio.de

More available books at **www.hansebooks.com**

SEETS

I' BLACKPOOL.

By John Hartley.

Seets i' Blackpool,

Fleetwood, Lytham,

and Southport,

AS SEEN BI

SAMMYWELL GRIMES AN' HIS WIFE MALLY ON THER HALLIDY TRIP, WI' A FEW INCIDENTS AN' ACCIDENTS 'AT OCCURRED.

BY JOHN HARTLEY,

AUTHOR OF 'CLOCK ALMANACK, 'YORKSHER DITTIES,' 'YORKSHER PUDDIN', 'SEETS I LUNDUN, 'SEETS I' PARIS, 'GRIMES'S TRIP TO AMERICA, 'MANY A SLIP,' 'A ROLLING STONE,' 'A SHEAF FROM THE MOORLAND,' &c.

LONDON:
W NICHOLSON & SONS,
26, PATERNOSTER SQUARE, E.C
AND ALBION WORKS, WAKEFIELD.

INTRODUCTION.

SKOLERSHIP'S a fine thing. Aw've just been to see awr Isaac, an' he tells me 'at Blackpool is i' Lancasher. It's true noa daat; an' they owt to be varry thankful for it, for if it had been shoved a bit farther aght, it ud ha been ith' Irish seah. 'Aw have been thear an' still wod goa,' awr Mally started singin' when we landed hooam after a spree we'd had thear, but as sooin as aw tell'd her 'at aw wor baan to put it all into a book an' let fowk know ha we'd gooan on, shoo altered her tune to 'Do if tha dar,' but that maks noa difference to me, for awd made up mi mind 'at awd scribble a bit abaat it if it wor nobbut for th' fun o' th' thing, an' when my mind is once made up, its a case. Ther's ivver soa monny fowk 'at's tried to caancil me net to do it, for they say 'at all's been sed 'at's worth sayin', but awm net soa sewer abaat that! Ther's lots been sed 'at wornt worth sayin', that aw *do* know, an' aw can nobbut mak as big a fooil o' misen as th' rest on 'em, an' ther is a chonce 'at aw mud do better. At onnyrate, if ther's nubdy else reads it, awr Mally will, an' its sewer to be tawked abaat, if its nobbut at awr haase. Gooid, bad, or indifferent, its here, an' if it suits yo, soa mich the better for yo, an' if it does'nt,—well, its noa fault o' mine. Yo connot loise mich, for its worth what it costs if its nobbut for yo to hold i' yor hand, an' mak believe 'at yor readin', when at th' same time yor watchin' th' bathers bobbin up an' daan ith' salt seah waves. Soa noa moor at present throo

Yor's etsetterra,

SAMMYWELL GRIMES.

CONTENTS.

CHAPTER.	PAGE.
First—Leavin' an' Landin'	7
Second—Seekin' Lodgins' an' startin' on th' Spree	24
Third—Winter Gardens	42
Fourth—Uncle Tom's Cabin	54
Fifth—Sunday	67
Sixth—Fleetwood and Raikes' Hall	77
Seventh—Southport and Lytham	86
Eighth—Grimes's Reflections	93
Ninth—Mally seekin' fresh fish—Mally at th' Likeness Takkers—Visit to th' Prince of Wales Theayter	101
Tenth—Hoam once moor	120

SEETS I' BLACKPOOL.

CHAPTER FURST.

LEEAVIN' AN' LANDIN'.

"OWD craytur," aw sed to awr Mally one neet, when shoo'd just sided up an' getten set daan ith' rockin' cheer wi her knittin', "ha does ta feel?"

"Aw feel wi mi hands when aw do feel, what's ta ax me sich a gaumless question as that for?"

"Aw want to know ha tha feels i' thi constitution like, for awm sewer aw fancy tha does'nt luk as breet an' bloomin as tha did, an' aw dooant think thi pecker's up to th' mark, for tha's etten varry little this last two days, an' tha knows thart one at needs a gooid deeal o' suppoort. Ha does ta think a two-o'-three bottles o' pooarter ud do for thi? Tha knows aw connot affoord to loise thi just yet, for times is bad, an' gettin wed agean connot be done baat brass, an' aw've noa nooation o' livin' bi mysen."

"Sammywell!" shoo sed, an' shoo dropt her knittin' an' lukt at me ovver th' top ov her specks,—"Sammywell, aw dooant want onny unpleasantness, an' aw dooant want thee to fly up in a tantrum when aw spaik, but if aw spaik th' real sentiments o' mi mind, aw mun tell thi 'at aw dooant think ther's a bigger hypocrite walks th' face o' this eearth nor what tha art, an' th' longer tha lives an' th' moor brassened tha grows. Whether aw luk ill or weel, or whether aw ait or clam nivver causes thee a minit's uneasyness, an' soa asteead o' gooin' beeatin' abaat th' bush, just aght with it an' let's know what thart drivin' at. An' as to bottled pooarter,—tha knows its a thing aw abominate, as aw do all other sooarts o' druffen swill, except a little drop o' gin, nah an' then, when awm feelin' fairly worn aght, same as aw do to neet, an' ther's th' empty bottle at th' back o' th' setpot lid, an' its been thear gooidness knows ha long, an' thear aw suppooas it 'll ha to stop, unless aw faint reight away an' some o' th' naybors taks pity on me an' sends for two-penoth."

"Aw didn't know it wor empty," aw sed, "awm sewer aw browt some yesterdy."

"Eeah, tha did bring a little teeny drop, but yond little thing o' awr Hepsaba's wor varry near double fold wi th' wind ov it stummack, an' aw couldn't see th' poor child suffer, even if awd nivver another taste as long as awd to live."

"But tha'd nivver give th' child a shillinsoth o' gin?"

"Aw dooant know whear tha buys thy gin, but tha awther gets varry short messur or else tha has a swig or two on th' rooad; its varry little at ivver raiks this shop aw *do* know! An' th' cork wor a rotten en, an' yo connot keep liquors unless yo've a gooid cork, it vaporates just like weshin' liquor. Aw connot say 'at aw didn't just weet mi lips wi what tha browt, but that wor abaat all."

"Why, ne'er heed, lass, awm just gooin up th' street for a minit, an' awl tak th' empty bottle wi me an' see if aw can get a drop moor put in, an' if awr Hepsaba's child wants onny, they mun get some o' ther own."

"That's a nice excuse! Reckonin' to be fotchin' gin for me when all th' time thart hankerin' after summat for thisen! A'a, Sammywell! aw've nooan lived wi thee all thease years for nowt. Aw can just read thi like readin' a book. But off tha goas, for aw believe that spark at th' top o' thi throit 'll nivver be sleckt wol thart ready for thi coffin. Tha'll find th' bottle whear aw tell'd thi, an' if tha does get owt into it let it be owd Tom, an' be sewer tha gets a new cork."

Shoo says shoo can read me like readin' a book, an' varry likely shoo's nooan far wrang, but ther's other fowk can read human natur beside her. Aw knew what th' owd craytur wanted, soa aw went an' gat her a drop ov her favourite lotion, an' aw made her a glass, nice an' hot, wi plenty o' sewgar in, an' its like as if it thawd th' casin ov her heart an' shoo wor just as nice as nice could be. When aw saw at shoo wor melted just abaat enuff, aw says, —" What's ta think?"

"Nay, lad, what abaat, pray thee?"

"Ha wod ta like to goa off for a day or two to th' seah side? Iverry body else seems to do it, an' aw dooant see but what tha stands i' need ov a bit ov a change as weel as them."

"A'a! Sammywell! aw wonder what tha'll get into thi heead next! Ha con aw goa to th' seah side an' leeav all thease stockins to mend, an' we hav'nt breead at 'll see us ovver to-morn, an' tha knows what a wesh ther is ivvery Mondy, an' awd meant hevvin' th' blankets done next wick. An' then ha could ta get on if tha wor left here bi thisen?"

"Oh, but aw meean gooin too. Nobbut aw shouldn't like to goa unless tha went, for tha sees, th' owder aw get an' th' fonder aw am on thi."

"Sammywell, do have some regard for trewth. If tha's made up thi mind to goa to th' seah side, an' tha connot fashion to goa an' leeav me at hooam, on accaant o' th' naybor's cryin' shame on thi, as they have done befoor time, an' net withaat cause,

—goa! but dooant want to ram it daan my throit at thart dooin it to suit me, for awm too owd a burd to be catched wi sich chaff as that. But if tha does goa, whear does ta think o' gooin too. For mi own pairt, aw think Hollinoth Lake ud do as weel as onny place, an' then aw could goa an' see mi aunt Marget's dowter's lass, if shoo's livin', for aw hav'nt heeard owt on her for a duzzen year."

"Nay, lass, that's nooan salt watter!"

"Why, what difference does that mak, tha doesnt want to sup it does ta? But ov coorse tha'll goa thi own gate, noa matter what aw say. Whear does ta think o' gooin to?"

"We'll goa to Blackpool, lass, for ther's a trip th' day after to-morn for a wick, an' it'll just give thi nice time to get ready."

"A'a, dear! ther isn't another woman i' this world 'at ud put up wi thee as aw have to do! But it's mi own fault, for aw've marr'd thi wol ther'd be noa livin wi thi unless aw let thi have all thi own way. Tha can have a drop o' that gin if tha likes, but dooant tak mich, for tha knows ha it upsets thi ov a mornin. An' nah tha can pike off to bed as sooin as tha's a mind, for aw've ivvery thing to get ready. Aw think ther nivver wor a poor woman at had to put up wi sich things as me. Dooant empty th' bottle, for gooidness sake! Yond child o' Hepsaba's mud be takken badly ageean ith' neet, an' it'll nivver do to be withaat a drop o' summat! But tha has noa thowt nobbut for thisen!"

Aw went to bed, but what time Mally coom aw dooant know, for aw wor sooin asleep. When aw did wakken, all wor dark an' aw wor feearfully dry, soa aw gate up for a drink. Aw struck a leet an' aw saw th' gin bottle, but it wor empty, soa aw suppooas that poor child o' Hepsaba's must ha had another attack. Its cappin what it suffers, tho' it luks weel, an' aw nivver see it ail owt. Next mornin aw could see 'at my room wod be moor welcome nor mi compny, soa aw set off for a stroll, an' left Mally to her bakin', an' weshin', an' ironin' an' kept aght o' th' gate wol neet. When aw did goa hooam, th' haase lukt as if we wor intendin' to start a provision shop, an' had just getten th' stock in. "Is this for a teah party?" aw axt.

"Are ta for a teah party, thinks ta? We'st want a bit o' summat to tak with us aw reckon! Does ta think at awm baan to ait onny sooart o' stuff at other fowks has messed abaat? Awl have a bit o' gradely grub whativver comes; — tha can suit thisen."

Aw sed nowt, for aw wanted to get away as quietly as we could. When shoo went to bed that neet, shoo could sleep withaat rockin', but that didn't prevent her bein up i' gooid time next mornin. Aw can stand a gooid deeal, but if awd known aw should ha had a twentieth pairt to stand at aw stood that mornin awd ha let Blackpool be an unknown country to me to th' end o' mi days. What wi her forgettin things an' bethinkin' her, an' fussin' an' flightin' me, an' givin' orders to Hepsaba an' to Isaac an' Ezra, (for shoo had 'em all thear,) aw wor varry near driven ranty. But shoo looadened 'em ivvery one, beside what awd to hug an' her own market basket, an' as we went aght o' th' fold th' naybors shaated aght. "Gooid bye, if we nivver see yo agean!"

When we gate to th' station aw bowt two tickets, an' then we went on th' platform for th' train. As aw wor gawpin abaat, one o' th' pooarters comes up, an' he says — "Clear away from here, this is the Blackpool train! The other platform for America!"

"Who'se ta tawkin' to, leatherheead?" aw sed. "We're gooin to Blackpool."

He let us pass, but we'd a do to get all th' stuff into th' carriage, but as luck let, ther wor varry few fowk gooin bi that train, soa ther wor nubdy to grummel, for we'd th' hoil to ussen.

Th' whistles skriked, an' th' train began to move. It hadn't gooan monny yards when Mally jumpt up, an' shoved her heead aght o' th' winder an' screeamed aght "Stop! Stop!" an' th' fowk on th' platform coom runnin' on after us, an' th' guard gave th' signal, an' th' train wor browt to a standstill, an' hawf a duzzen pooarters coom to oppen th' door, an' they lifted her aght, an' two or three seized me bith scuft o' th' neck an' hauld me aght as if awd been a seck o' chips.

"What has he been dooin to yo, mi gooid woman?" sed th' guard.

"A'a, dear-a-me! but this has put me into a mooild!" shoo sed, as sooin as shoo could get her breeath, but when shoo saw 'em gripin' me bi mi shirt collar wol aw wor ommost black i' th' face, shoo says—"Let him alooan its noa fault o' his this time, its mi own dooins, for aw've forgetten to tak yond curran pasty aght o' th' ovven, an' it'll be dried to a chip, yo mun stop wol aw goa up hooam an' see to it, an' awl be back in abaat five minits."

When th' chaps heeard that, they left goa o' me as if awd been a red-wut brick, an' aw crope back into th' carriage as quietly as aw could for aw felt shamed o' misen, but Mally didn't, for when they bundled her back into her seat, shoo let 'em have a bit ov her mind, an' when th' train started agean shoo turned o' me as if shoo'd worry me.

"Tha'rt a grand chap to call thisen a husband an' stand quietly by an' see thi wife mess'd an' mauld abaat like this! But it sarves me reight for ivver commin wi thi! Awd rayther nivver ha seen Blackpool as long as ivver aw lived, nor at yond pasty should ha been spoilt! An' them unmannerly waistrels at th' station wodn't wait a two-o'-three minits! But awl have a tawk to their betters when aw get hooam! They'll nooan be particlar to five or ten minits abaat landin' us back, awl warrant 'em! But its allus alike! if ivver aw think 'at awl enjoy misen a bit tha allus spoils it! Aw'st be miserable nah wol aw get back!"

"Tha can hardly lig th' blame o' me this time, for tha knows awd nowt to do wi th' pasty, but aw dooant see 'at tha needs freeat, for awm sewer tha's as mich stuff i' thi basket as 'll fit us wol we come back."

"What bi that? If aw've three times as mich, that's noa reason 'at that pasty should be wasted, but awm detarmined o' one thing,—if its dried wol its as hard as a ovven plate an' as black as th' foir back, it shall be etten befoor aw bake onny moor!"

"Tha happen hasn't forgetten th' bottle o' cowd teah, for this bacca maks me rayther dry, an' mi throttle feels fairly made up wi yond chap's grippin me soa tight."

"It's nooan soa near made up but what tha'll be able to teem summat daan. But awm rare an fain its happened for one thing, for altho' tha's called me "owd crayter," an' "faal teawel," an' awkard names withaat end, it seems awm nooan soa flaysum when awm donn'd up but what they thowt awd proved too tycin for thee, for aw believe they fancied tha'd been tryin' to kuss me or summat." An' th' owd lass laft wol shoo fair shook agean.

Shoo gate her basket to get th' bottle aght, an' as sooin as shoo oppened th' lid shoo sed, "Well, if this doesn't lick th' doll! What does ta think! Aw declare, th' curran pasty's here fair at th' top! This is awr Hepsaba's dooin! Aw felt sewer when aw bethowt me awd left it, at shoo'd nooan ha let me come away baat it! Shoo's a gooid lass, God be praised, but shoo's nooan as strong as aw should like to see her, yond childer drags her daan terribly. Aw dooant know whativver shoo'd to get wed for, for shoo'd plenty to ait an' drink at hooam an' gooid clooas to her back, an' a gooid bed to lig daan on at neet all to hersen."

"That wor happen th' reason, shoo happen felt looansum."

"Tak this bottle, an' stop thi maath, but dooan't sup it all; what place is this?"

"This is Sowerby Brig we've getten to, an' that's th' Taan Hall wi th' pepper box stuck at th' corner. We shall stop here for a couple o' minnits or soa, an aw think awl just stretch mi legs."

"Leeav me thi umbrella then, soa as aw can shove it aght o'th' winder for thi to know whear tha's left me."

"It's a varry nice Refreshment raam they've getten, an' a drop o' tidy ale they sell, but they'd sell moor if th' glasses wor a bit bigger. Awd noa time to do owt but drop mi tuppince an' sup off, for ivverybody wor runnin' to get in, an' when aw lukt for my carriage aw saw a reglar craad raand, an aw saw mi favourite owd nelly cut all sorts o' antics i'th' air, an' Mally wor shaatin' at th' top ov her voice, "Do if yo dar! Yo come nooan here, net one on yo! This is awr booise an' we'll stick to it?"

"Whativver's to do?" aw sed, as aw elbowed mi way throo.

"Them ragabrash is wantin to come in, but awl smash th' umberel o' ther heeads afoor they set fooit in here! They thowt aw wor a poor owd woman, an' they could do what they liked wi me."

"Th' guard coom up, lukkin as faal as a pail'd mule, but aw tickled his hand wi a shillin and that set him smilin', an' he sed, as nice as could be, "There's plenty of room in the other carriages, gentlemen, this lady and gentlemen wish to be alone." But it wor noa use, for wol Mally wor off her guard, they oppened th' door, an' squeezed in, an' awd hard wark to get in edgeways. Ther wor eight on em beside Mally an' me, an' what wi th' fowk an' their bundles put to us an' awrs, we wor just packt like herrins in a barrel, an' sittin' daan wor aght o'th' question, Mally wor up i' one corner lukkin' daggers at us all, but more especially me, an' aw could see her maath goin' as if shoo wor sayin' summat, but what wi th' noise

B

o'th' train an' th' chaps laffin' aw could hear nowt, an' it wor happen as weel. Directly after, we rushed into th' tunnel, an' all wor as dark as hummer, an' they wor a bit quieter wol one chap sang aght, "awl gie onny a chap hawf a craan at'll kuss th' old woman! Then th' rumpus began, an' a chap abaat fourteen stooan weight, coom soss at top o' me, an' wedged me i'th' corner as tight as a bung in a barrel, an' ther wor sich shaatin' an' thrustin', wol aw wor feeard sumdy'd be hurt, if net killed, an' aw felt noa little anxiety abaat Mally you can bet. When we coom into th' leet ageean, th' chap's arms an' legs an' hats an' heeads an' awr bundles and theirs wor all in a lump at th' bottom o'th carriage, an' it tuk em some time to get sooarted aght, but Mally wor all reight, for shoo wor squeezed cloise to th' opposite corner wi my owd gingham i'th' front on her like a shield, tho' ha shood managed to oppen it, wor a mystery to me. They did manage to get straightened up agean in a bit, an' put th' bundles as well aght o'th' way as they could, an' they laft wol th' sweeat rolled off em. "Aw think its time to have a bit o' bacca nah, "sed one, an' they all agreed, an' rare an' fain aw wor, for aw knew that ud quieten 'em a bit, soa aw pooled mi own pipe aght, an' prepared to have a rick or two. Ther wor sooin nine pipes in full blow. "Shut that winder!" said one, "tha knows aw connot stand a draught." "Now, noa moor can aw," sed another, soa they shut up booath winders, an' went at it like soa monny brick kilns, an i' two or three tic-tacs th' place wor soa full o' rick wol yo couldn't see a hand's breadth befoor yo. Mally put daan her umbrella, an' detarmined to bide it; an' shoo wornt th' furst to give in nawther, for aw put my pipe aght, for aw wor ommost smoored, an' some o' tothers started coughin', but when I heeard Mally give a gooid sneeze, aw thought it wor time to interfere. "Nah, chaps," aw sed, "if yo' have onny feeling left in yo, do oppen them winders befoor somdy's suffocated! Yo're war nor a lot o' Zulus! Aw've oft heeard abaat th' Sowerby tups, but yo're past all reason!" Aw tried to get to th' winder, an' gave a chap a thrust—"Howd on! maister" he shaated, "Awve getten mi fooit fast i' that woman's basket. That wor all at wor wanted to wind Mally up to th' pitch—an' th' way that umberel did execution, some o' them chaps 'll remember. —Th' winders wor sooin oppened, an' a stop put to th' smookin' for ther wor hardly a whooal pipe left, an' th' chap 'at had getten his fooit i'th' basket wor ligged ov his back, wi his heead under th' seeat, an' it tuk two on us to get him up. Mally made a grab for th' basket, but one o' tother chaps wor a bit too sharp for her, an' tuk it to tother end o'th' carriage, an' withaat as mich as sayin' if yo' pleeas, they dived their neives in, an' collared whativer they could catch. Aw thowt this wor carryin' a jooak too far, an' my blooid wor up, soa aw just dashed reight in amang em, an let em have it reight an' left, an' Mally cheered me on, shaatin', "Give it 'em, Sammy! Leather 'em, lad! Hit 'em agean!" an' sich like, and aw did an all, but aw mud as weel o' bray'd a lot o' wooden stoops, for they did nowt but laugh, an' ram curran pasty an' sandwitches daan ther throits, wol they wellny chooked; an' when aw sank daan exhorsted, they'd th' impidence to come an' invite Mally and me to have a bit wi' em. When th' chap went to ax Mally, shoo gave him such a luk enuff to pooisen him, an' then all at once shoo sed—"An' soa its thee is it—tha young gooidfornowt, tha! But awl acquaint thy mother wi thy goins on, tha red-heeaded young rascal! What does ta think o' thisen? Aw'm in a gooid mind to braik this umbrel over thi back! But awl let thi see at tha'll ha to suffer for this! Sammywell, doesn't ta know this young scamp?"

"Aw think aw've seen him befoor, but aw dooan't want ivver to see him agean nor onny sich like."

"Why, this is him 'at saved yond owdest child o' Hepsaba's when it had fallen ovver th' heead i'th' swill tub! Why, tha must know him! He wor th' godfather for yond last o' awr Ezras. Awr

Ezra an' him wor i'th' select class at th' Sunday Schooil,—an' yo're Abe an all," shoo sed, turnin' to him, " An' ha is yor Abe ?"

" He's i'th' corner thear, soa he mun spaik for hissen," he sed.

Soa Abe,—that wor him 'at had been set o' my stummack i'th' tunnel,—tuk off his hat, an' sed, "Awm varry weel, thank yo, Aunt Mally, ha are yo' ?"

"Awm in a gooid mind to thresh yo' booath as long as aw can bide to stand ovver yo'! Whativver do yo' meean wi' gooin on like that wi' two old fowk like thi uncle an me. Awm feeard Sundy Schooil taichin has been thrown away on yo' "

"It wor nobbut a bit o' fun aunt; we saw yo' didn't own us, an' soa we thowt we'd have a bit ov a marlock."

"An' tha calls shovin' thi fooit i'th' prog-basket an' then aitin th' stuff we've browt to live on, marlockin', does ta? Well, dooant marlock onny moor on th' same strength. An' whooas all theas t'other chaps."

"They're all neighbors, an' a nice lot yo'll say they are when yo' know 'em a bit better."

"Well, it will be *better* if aw do, for aw connot know 'em onny war. Ha' long are yo' baan to stop ?"

"We all come back to-neet, we're nobbut goin' for a day."

"Thank gooidness for that!" aw sed.

"Nay, uncle, yo' shouldn't say soa, if we'd been goin' to stop ther's nowt 'at wod gi'en us moor pleasur nor to ha' shown yo' raand."

"Happen net, but aw dooant want showin' raand for aw want to keep square, an' that's what yo' lot willn't do."

We wor sooin all gooid friends an' they browt aght ther bottles an' ther bags an' made us share wi' 'em, an' then they sed as they'd etten awr stuff they'd mak it up aght o' ther own, soa they filled Mally her basket, an' when we landed at Blackpool Station we wor all jolly as could be.

"Whear are yo' gooin to stop, Mally," sed one.

"Nay, we've nivver made no inquirements," shoo sed, "for aw reckon ther's lots 'll be willin' to have us soa long as we're able to pay, an' thi uncle an' me nivver set off withaat summat in us pockets."

"Well, aw hooap yo'll be lucky, but they tell me 'at ther's hardly a lodgin' to be getten at onny price, soa if yo're wise yo'll loise noa time."

We bid 'em gooid day, an' they went one rooad an us another.

"What does ta think abaat yond ill-mannered young monkies?" aw sed.

"A'a, aw think nowt abaat it, they'll alter as they get older: they're nobbut childer yet. Aw dar say tha wor a deeal war when tha wor th' same age! They seem fine strong hearty lads, bless 'em, an' aw hooap nubdy 'll put on 'em woll they're away throo hooam."

Aw sed nowt noa moor.

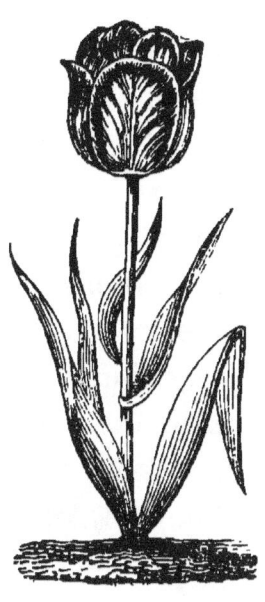

CHAPTER SECOND.

SEEKIN' LODGIN'S AN' STARTIN' ON TH' SPREE.

"IT'S a varry nice place is Blackpool, at onnyrate," sed Mally, as we went on th' street. "Aw wonder if its market day? Ther's a deeal o' fowk abaat. What has ta done wi' all th' bundle's an' stuff. Aw hooap they'll be all safe, for ther's all mi best duds in 'em."

"Aw've done nowt wi' th' bundles! They're just whear tha's left 'em."

"Aw nivver left 'em! A'a tha gaumless fooil! Let's off back this minnit! Nay raillee, Sammywell, tha'rt reight past bidin' wi'! Aw wodn't loise yond stuff for Blackpool an' all ther's in it."

We hadn't getten monny yards away, soa we wor sooin back an' fun ivverything reight an' safe, an' a chap stood thear takkin care on 'em. He touched his hat an' ax'd if he should call a cab, but Mally sed, we'd noa brass for cabs, an' we should have to hug 'em. Aw didn't just like th' idea, for ther wor ommost a donkey load, but aw thowt aw wodn't have onny bother to start wi', soa aw says, "Well, just as tha pleeases," aw sed, "but tha mun gi'e this young chap a trifle, for takkin care on 'em."

"Oh, eea!" shoo sed, an' shoo pulled aght her purse an' after rummagin' it all ovver, shoo turns to me an' says, " Has ta getten a hawpny, Sammywell?"

" Nay, lass, aw hav'nt," aw sed.

" Oh, well, it meeans nowt; sithee here young man, here's a penny for thi, we may want thi to do a bit ov a job agean some day."

We gate looadened,—awd one bundle, teed in a shawl o' one arm, an' one 'at wor teed in a caanterpane on tother, an' a basket i'th' left hand an' mi umbrel i'th' reight, an' shoo'd abaat three bags an' one newspaper parcel, an a empty gallon stooan bottle 'at shoo'd browt to put hot watter in to air th' bed a bit,—an off we started.

" Aw thowt it wor noa use lukkin shabby for th' sake ov a hawpny," shoo sed, " we shall be able to save it some other way. He lukt a bit capt, didn't he? He'll nooan get paid like yond ivvery day!"

" Noa," aw sed, " aw dooant think he will, an' aw dooant think he'll want."

Yo' can bet aw didn't go far befoor aw stopt to enquire abaat lodgins. Ther wor a nice comfortable row o' haases at we coom to, and aw clapt mi bundles daan an rang th' bell at th' first door. " If yo' pleeas have yo' onny lodgins to let?" aw ax'd.

"Not at present, sir," th' woman sed, at had come to th' door.

"Con yo' tell me whear we con get onny?"

"No, sir, I cannot. Blackpool is very full of visitors at present, there are none to let in this street."

"Then what mun we do? we cannot walk abaat day an' neet for a wick! An' what mun we do wi' all this stuff?"

"It would have been better to have left it at the station until you had got apartments, and then you could have sent for it. Or you could call a cab and drive to one of the first-class Hotels, but the charges are rather high."

"What do yo' call heigh, mistress? coss awm nooan to a shillin' or two if it's a comfortable shop."

"They vary from ten-and-six to a guinea a day."

"A'a! lawful to tell on!" says Mally, "why we nobbut pay four-an'-sixpence a wick for all awr haase, and they've risen us awr rent twice!"

"Come on then!" aw sed, "let's tak this stuff to th' station an' have a gooid hunt," soa we looadened agean an tramp'd back to th' station, whear we'd to pay tuppence apiece for ivvery bundle, an' we kept nowt but th' prog-basket, an feelin' owt but leet-hearted we started off agean. Just as we wor passin th' street end we saw th' seah, soa aw sed we mud as weel goa that way as onny other an' we should happen meet wi' somdy we knew 'at could tell us whear to goa. By gow! but it wor a grand seet an' noa mistak. Th' sky wor blue an' clear an net a claad to be seen, an' th' seah wor dark green an' silver, wi' lines o' white like little drifts o' snow, as th' waves coom rollin' in. Boats wor bobbin up an' daan an little ships wor sailin' abaat, an' ther wor craads o' fine dressed fowk p'radin' abaat, an' music wor playin', an at all th' winders wor sat ladies an' childer, an' ivverything lukt lovely an' ivverybody happy.

"Nah, Mally," aw says, "doesn't this remind thi o' heaven?"

"Nay, aw dooant know at it does, for if heaven's owt like what awr parson says it is it connot be like this, but as aw've nivver been aw connot be sewer, but it willn't be long nah befoor aw do know aw expect," an' shoo heaved a sigh.

"Well, lets hooap soa," aw sed.

"Th' sooiner an' th' better, tha thinks aw've noa daat! What are ta starin' at that young woman for?"

"Aw wor just thinkin' ha like a angel shoo lukt, or at leeast, ha like her an angel wod luk if donned up ith' same duds."

"If that's thy nooashun o' angels it isn't mine. But whear are ta takkin me too? Has ta browt me here to trail me abaat throo one end o' th' rooad to tother, an' nivver as mich as get me a cup o' teah nor owt?"

"Aw dooant know reightly whear to goa, but aw think it's time we dropt in somewhear, suppooas we try this shop "Working Man's Palace," what says ta?"

"Suit thisen, but it caps me what workin' men want wi palaces, aw'st think a comfortable cottage haase wod be likely to suit 'em better; but in tha gooas if tha meeans to, an' dooant caar hallockin' thear."

Soa we went in, an' after a bit we gate set daan to a table an' called for two cups o' teah an' two butter cakes. We wor ommost aght o' patience befoor we gate sarved, but that wor net to be wondered at for th' place wor full an' th' waiters had moor nor they could do. But it coom at last, an' it wor cheeap enuff i' all conscience, but Mally had hardly getten fairly agate, when shoo turned to me, an' axt me ha aw liked it?"

"It'll do," aw says, but shoo shoved her's o' one side, an' after starin' at it for a minnit, shoo says, "Eah, it'll do,—it'll ha to do aw suppooas,—but if that's a sample o' what awm to ait wol awm at Blackpool, aw'st land back hooam wi a gooid appetite—an' if tha'd had it set anent thi at hooam tha'd ha pawsed th' table ovver," an' shoo jumpt up, an' browt th' umberel daan onto th' table wi a reglar crack, as mich as to say, 'that settled it!'

an' one o' th' waiters coom runnin' to ax if ther wor owt else shoo wanted.

"Aw should just like to see th' maister o' this shop befoor aw goa," shoo sed, "Aw've summat particlar to tell him."

He went off to fetch him, an' aw whispered, "Hold thi noise, an' let's be off!"

"Aw'st net hold mi noise! Tha nivver lets me oppen mi maath when awm at hooam, but awm net gooin to be like a dummy when awm away! Are yo th' maister?" shoo axt as a chap in his shirt sleeves coom up, puffin', an' sweeatin' an' smilin'

"Yes, mam," he sed, "is there anything I can do for you?"

"Nay, thank yo, but aw thowt awd just tell yo at if yore butter wornt quite soa strong, an' th' teah wor a trifle stronger, yo'd be likely to sell moor, an' yo munnot be vext at me tellin' yo."

"Certainly not, Miss," he sed, "I'm very much obliged to you, and when you do me the favour to call again, Miss, I will attend to you myself, you see when we are so very busy, I cannot look after the ladies as I should like."

"That's reight enuff, maister,—in fact, aw happen did wrang to spaik, for aw know what it is to have to tew an' mooild amang it as weel as th' mooast, an' its nooan soa bad after all, nobbut aw thowt if th' teah had been just a *leetle* bit stronger, it wod ha been noa war, but ther's nowt to find fault wi;—ther's thaasands o' poor souls wod be fain ov a cup o' teah an' a butter cake like this."

"Yes, Miss, you say right."

"This 'Miss,' happens to be my Missus," aw sed.

"Indeed!" he sed, an' he turned up his e'e brows wol aw thought they'd get into th' back of his neck. "It's almost impossible to tell who are married and who are single, when they are pleasant looking," an' off he went, simperin like a wax doll.

Mally'd getten th' third quarter o' th' butter cake into her maath, an' wor suppin' th' teah as if it wor nec*tar*, an' if it had been gas*tar* aw believe shoo'd ha supt it.

"Mally," aw says, "aw didn't think tha'd been so soft."

"Didn't ta? well but aw can tell thi 'at aw am soft, an' aw've been soft a deeal o' years or else my name wodn't ha been 'Grimes' to-day. Are ta baan to have another cup o' teah, an' another cake?"

"Now, awm net! an' tha'd nivver ha swollerd thine if that tollow faced chap hadn't been soft sooapin' thi wi callin' thi 'Miss!'"

"Oh! that's it is it? Thart jaylus coss somdy's spokken to me, are ta? Sithee! aw wodn't have thy disposition, Sammywell, for all aw could see!

But if tha wor as honest an' straightforrard thisen as tha wants me to believe, tha'd nivver have sich vile thowts enter thi heead! But come on!"

We gate up an' walk'd aght, an' th' maister wor standin' at th' door—an' Mally dropt a curtsey an' sed, 'Gooid day, sir,' an' he bow'd an' sed 'Good day, Miss——sis,' an' he stopt abaat hauf a minnit just ith' middle o' th' last word. But aw tuk noa nooatise, an' befooar awd gooan monny yards awd forgetten all abaat it, an' he must be a cantankerous chap 'at could be in a bad temper for long together when ivverything abaat him seemed full o' joy an' gladness. An' then aw hav'nt a spark o' jaylousy i' mi whooal carcase.

"What's this fine place?" says Mally, pointin' up at a big buildin'

"This is a Quarium, an' a Managery, an' a Viary, an' gooidness knows what beside; its nobbut sixpence a-piece, lets goa in, we mud as weel start seet seein' sooin as lat," soa we went in. Mally stuck cloise to mi elbow, for shoo didn't like th' luk o' them Egyptian staties at wor at th' door, an' aw turned to th' left, an' begow it wor a dram shop.

"Aw believe tha's been here befooar," sed Mally, but aw hadn't, an' aw wor as capt as shoo wor, but aw didn't like to goa aght withaat orderin, summat, soa aw called for two-two's-o'-rum, but they didn't sell sperrits, soa we had two glasses o' red pooart wine, an' varry gooid stuff it wor too. Then th' chap showed us th' way to th' Quarium an' aw nivver saw onnybody moor takken up wi owt, nor Mally wor when shoo saw all th' fishes swimmin abaat, tho' shoo wor rayther freetened at furst, for fear they should get aght, an' shoo walked raand an' raand as if shoo'd nivver be stalled, an' when th' organ struck up, shoo put her hands together an' shoo sed,—"Whativver shall we find th' next! Why, its like holdin' a class meetin' at th' bottom o' th' seah, an' aw declare that big congereel is beatin' time wi' his tail. Its beautiful! A'a! aw wish awr Hepsaba wor here, it ud send her clean aght ov her mind, it wod forsewer."

"Dooant let it send thee aght o' thine," aw sed, "let's goa an' see th' wild beeasts." Aw wor glad to see at shoo wor soa suited, but aw wanted to get throo, for aw liked th' idea o' bein beside th' seah. When we gat upstairs, th' furst thing we saw wor a young chimpanzee, cruidled up in a blanket, an' a bit o' scarlet flannel teed raand him.

"Isn't it natural?" sed Mally, "why, aw can hardly believe mi own een. It taks my thoughts back a long time Sammywell, for aw can remember when tha used to look just as innercent as it does, an' net unlike it nawther, but we all alter as we get older," and shoo lained ovver to touch its face, when it seized hold ov her finger an' girned at her as if it ud had swollerd her, but shoo yarked her hand away, an' says, "Eeah! an' its thy temper too! little, ugly, ill contrived, peevish freet at it is! its nowt else!"

Then shoo watched th' antics o' tother monkeys, but shoo kept far enough off, an' th' lions an' tigers filled her wi' wonderment, but shoo wodn't goa near 'em, awd seen monny a lot o' sichlike befoor, but aw will say this much, 'at aw nivver saw onny i' better condition an' seldom onny as gooid. Then we examined th' burds an' seals, and when we coom aght, shoo tell'd th' chap at th' pay hoil, 'at it wor weel worth a shillin' o' onnybody's brass, but shoo thowt it ud happen be advisable to tak th' young Chimpanzee under hand a bit, and taich it better manners, "for if yo dunnot," shoo says, "when it grows up there'll be noa dealin' wi' it;—aw know," shoo says, an' wink'd an' nodded her heead towards me, as if awd to do wi' it.

It wor just o'th' edge o' dark when we gat aghtside, an' th' seah wor like a sheet o' polished brass, for th' sun wor just dippin' aght o'th' seet, an' a nice cooil breeze coom off th' seah, an' we stood, an' fairly drank it in, as we lukt, an' lissened to th' music 'at coom throo th' end o'th' pier. "What can onnybody wish for moor nor this," said Mally.

"Nay, nowt," aw says, "unless it's a bit o' bacca."

"If tha'd less poetry i' thi books an' moor i' thi soul," shoo sed, "tha'd be better for it, an' shoo put a mint drop into her maath, an' foller'd me to th' little office at th' side. "Ha mich is it to goa in?" aw axed.

"Twopence each!" an' aw put daan a fourpny bit an' th' windlass clickt twice, an' we wor on th' North Pier. It wor hard to fancy 'at ther could be soa mich poverty, an' misery o' one sooart an' another i'th' world, when aw lukt at th' craads o' happy lukkin' mortals 'at wor sittin' or walkin' past,—old fowk at lukt as if they nivver had a care, an' young ens 'at lukt too beautiful an' pure to be classed amang "miserable sinners," an' rosy little rollickin' lads an' lasses, soa full o' frolic, soa free o' care, at one wished it wor possible to keep em just as they wor. Ivverything lukt strange an' grand to Mally, an' as we sat daan for a bit ov a rest, aw nooaticed 'at her face wore th' same serene smile at aw've seen on it when shoos been sat listenin' to a sarmon throo one ov her favorite texts, an aw knew shoo wor happy. "Just stop thear wol aw come back," aw sed, an' aw left her to explore what wor in a big buildin' at wor blazin' wi leet.

"Yo'll be capt when aw tell yo, 'at it wor a

grand Hotel, but it wor, for it seems they fancy cheaptrippers must be allus awther hungry or dry.

Aw wor dry, aw must say, an' a glass o' varry gooid ale they kept, an' then aw went back for Mally, but shoo wornt thear, but aw felt sewer shoo wodn't ha gooan far, soa aw filled mi pipe an' had a quiet whif, but when shoo didn't come aw felt uneasy. All at once a leet like a little sun shone aght throo th' top ov a powl like a big flagstaf, an another, an then another, until all wor as breet as day, an th' seah shimmered an' sparkled, as if it had been covered wi silver spangles like a circus riders skirt, an' the world seem'd to be turned into a fairy land, an' th' folk into fairies an' sprites. But ther wor one fairy wantin' an' that wor Mally, an' as shoo didn't turn up, aw thowt shoo must ha gooan on to th' far end whear th' music wor, soa aw went to see. Ther wor lots o' fowk, old an' young, sittin' daan watchin' th' dancers, but aw couldn't find her, then aw turned back, an' th' Concert Hall war just oppenin', an' aw gat leeav to luk in to see if shoo wor thear, but shoo worn't,—it wor a grand Hall, an' aw should ha liked to ha stopt a bit, but aw wor too uneasy i' my mind, soa aw set off to walk to tother end, thinkin' happen shoo wanted to goa off an' had gooan towards th' gate thinkin' aw should ovvertak her, but aw could see nowt on her, soa aw ax'd th' chap i'th' little pay box if he'd seen her, but he sed he wor sewer shoo hadn't gooan off, for he'd ha been sewer to see her, for he tuk sich particklar noatice on her when shoo went on. Here wor a reight mullock! Ther wor nowt for it but to goa back agean an' hunt her up. Shoo couldn't ha fallen over into th' seah,—an' shoo wodn't be likely to jump ovver —but whear could shoo be? Aw'd all these thowts i' mi mind wol aw walked on peepin' into ivverybody's face, wol aw'd getten to th' music an' dancers agean, but ov noa use; an' then aw bethowt me what sweet heavenly smile shoo had on her face when aw left her, and aw remembered 'at awd read an' heeard tell abaat deein' christians allus wearin' such a smile, just befoor they left this world for a better, an' aw began to sweeat. What a hollo mockery them blazin' leets an' that mewsic seem'd to me just then—an' ha th' laffin' an' shaatin' grated o' mi ear—Th' tune at they wor playin', aw knew it,—we used to call it "The dule amang th' tailors" aw dooant know what its called nah—"Goa it owd lass!" shaats aght one, "Th' owd en'll win!" shaats another, "Bravo Mally!" an' aw elbowed mi way throo to see what wor up—Well, it saved me a new suit o' black, for Mally had changed her heavenly smile for a grin, an' thear shoo wor fitterin' away an' twistin' raand, an' jumpin' backards an' forrads like sumdy gooan crackt, an' a chap doncin' wi her at wor flingin' his legs abaat as if they wor hung i' wires. Aw felt—aw dooan't know ha aw felt—but waited wol th' chap wor forced to stop, for want o' puff, an' then shoo gave a finishin' flutter an' twist, an' th' fowk clapt ther hands an' aw went an' clapt mysen daan o' one o'th' nearest seats, an' tuk a pin aght o' mi wayscoat an' put it gently into as soft a part as aw have abaat me, to see if aw wor railly wakken, or had been dreamin', an' havin' sharply satisfied mysen at aw wor net asleep, aw waited for her to come up, an' explain sich gooins on, if she could. Aw hadn't long to wait, for shoo spotted me, an' puttin' up her finger shoo beckoned on me to get up, and shoo seized hold o' my arm, an' says, "Oh, Sammywell, lad tak me somewhear whear aw can get a drop o' watter, or summat, for aw'm ommost sweltered! Aw've been doncin' a bit, but aw cannot do it nah as aw did thirty year sin, tho' ther's nowt o' this affair 'at can hold th' cannel to me even yet. Yond salt hawker thowt he could tak th' laff aght o' me, but aw showed him they needn't think they can get th' best o' sich as thee an' me owd man, if we are older nor we used to be!"

"What salt hawker does ta meean?" aw sed.

"Tha knows Jooany 'at gethers awr rags an' booans an' gies salt for 'em. Him at has that little donkey cart 'at did awr Hepsaba's flittin?"

"Eeah, aw know him. What's he doin' here?"

"He's yonder donned up as smart as a dummy at a clooas shop, an' as monny rings ov his fingers as 'ud weigh a pund. He's a real Harrystocracy man. But what does ta' think awd better have?"

"They keep a drop o' gooid ale here," aw sed, "an' that'll happen be better for thi nor watter."

"Well, tha knows th' best. Better have a quart between us, happen it'll come in cheeaper."

When shoo'd emptied th' second glass, aw says "Mally, awm capt wi' thee, a woman o' thy years an' a joined member to be doncin, aw can hardly believe it."

"But tha may do, for its true enuff, an' Solomon says ther's a time, for ivverything, an' if he worn't a joined member, he wor as gooid, an' as to years,—tha'rt allus dingin me up abaat mi years,—aw dooant consider onnybody's old till they feel old."

"Well, but tha'rt allus findin' fault wi' me dooin things, an' tha says a chap o' my years owt to be shamed o' thersen, an' tha knows awm younger nor thee."

"Tha may be, but tha doesn't look it, an then agean, tha knows, Sammywell, ther's different ways o' dooin things, and if aw find fault wi' thee it's all for thi own gooid. But isn't it abaat time 'at tha should be lukkin after some lodgins,—tho' aw could ommost caar up all th' neet in a place like this."

"Aw think it is abaat time, an we'd better start

nah, an' we'st ha' to tak sich as we can get toneet. Aw thowt as it gate latter 'at th' fowk 'ud be settin' off but ther seems to be as monny nah as ther wor to start wi'."

Aw've had monny a bit ov a hunt o' one sooart an' another, but huntin' for lodgins at Blackpool lickt all. Awd monny a time heeard tell abaat seekin' th' fiddle, but aw nivver knew what it meant befoor. We tried big hotels an' little ens, but it wor allus th' same,—full up!—lodgin-haases wor th' same. Mally's doncin freak hadn't improved her walkin' onny, an shoo wor one minit as glum as a heearse horse, an at another shoo wor fit to snap my heead off, an seemed inclined to put all th' blame onto me. We axt a poleeceman what he'd advise, but he sed he couldn't advise owt unless we went to th' railway station an could get into th' waitin' room. We thowt that 'ud be better nor nowt, soa we tried that, but it wor th' same,—full up!—an' even th' railway carriages wor turned into sleepin' cribs.

For a blessin' it wor a grand neet, an' even when th' electric leets went aght it worn't dark. We went daan to th' promenade an' thought we'd sit o' one o'th' seats wol sunrise, but they wor like th' rest,—full up!—but ther wor a chap lettin' bathin' machines, at two shillin' a head, soa we thowt we'd specilate four shillin' but he sed it wor agean his orders to let a man an' a woman into th' same machine, an' Mally wod'nt leeav me, soa ther wor nowt left for it but to wait wol dayleet an' then hunt afresh. Awd just given up all hooap an' wor lainin' agean a lamppost hawf asleep, when a chap clapt me on th' shoolder an shaats i' mi earhoil, "What are ta dooin here? Awl tell yo're Mally o' thee as sooin as aw get back to Bradforth!"

But Mally saved him th' trouble, for shoo coom to him an' says, " We're lockt aght o' door, what mun we do?"

"Come wi' me," he sed, "aw dooant think aw can get a bed for yo' but aw can find yo' moor comfortable quarters nor th' street."

We didn't want axin twice, an' we hadn't monny yards to goa befoor we gate to th' spot he wor stoppin at. Th' maister wor sittin' up, an' Ben tell'd him ha' we wor fixed. "Well," he sed, "aw can find 'em a shake daan if they like to lig o'th' parlor floor."

"Onnywhear!" aw sed.

"Onnywhear, if yo' pleeas," sed Mally.

Soa Ben (he wor a daycent chap wor Ben, he used to be a ovverlukker at th' same spot aw worked at,) tuk us into his raam wol th' maister tummeld a beddin an' some blankets an sheets into th' parlor, an' he'd a drop o' summat in a bottle 'at he sed he wor feeard wod spoil if it worn't supt, soa we didn't give it a chonce o' growin onny war, an' a drop o' rare gooid stuff it wor. Then we went to get us bed ready.

"Aw nivver thowt aw should ha' come to this," sed Mally, "aw've had a daycent bed to goa to till nah."

"Hold thi whisht, owd Blowbroth," aw sed, "an' awl mak thi as gooid a four-pooaster as ivver tha had i' thi life."

Soa aw gate four cheers, and put 'em two an' two, facin' one another, an' then aw gate her to help me to lift th' dining table, an we turned it wrang side up onto th' cheers, an' aw put th' beddin' inside th' hollow o'th' table, an' when awd arranged th' bowster an' put th' sheets an' blanket on, an' hung mi hat o' one table leg an' mi coit an' other things on tother, Mally declares at shoo'd seen a deeal war beds nor that an' aw thowt so too. Aw remember turnin' daan th' leet, an wakkenin' i'th' mornin', but recollect nowt between.

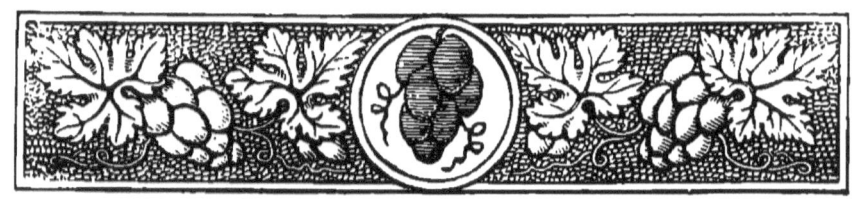

CHAPTER THIRD.

WINTER GARDENS.

BEN wor thumpin at 'th door, and wantin' to know if we meant to get up, an aw tell'd him awd be up in a sniff if he'd nobbut wait, an' aw slipt into mi clooas like a tollo cannel into a wut socket, an' tellin' Mally to be sewer an' get a bit o' fresh fish for th' braikfast, aw joined him.

It wor just turned six o'clock an' as grand a mornin' as aw ivver turned aght on; an' when aw saw th' number o' fowk 'at wor walkin' abaat, aw felt shamed to think awd lig'd i' bed soa long, tho' aw thowt it happen mud be 'at some had getten to bed i' better time nor me, or maybe some had nivver been at all.

We hadn't goan far befoor we call'd at th' Beach Hotel, for Ben sed 'at seah air worn't a gooid thing on a empty stummack, unless yo' wor used to it. An' he pool'd two new laid eggs aght ov his pocket an' gave me one, an' a smart young lady browt us two two's o' summat at lukt like strong teah, but had a different taste, an' we tuk a mornin's dooas, an' felt better for it. Then we'd a walk for a mile or two an' watched th' bathers as they splashed abaat an' enjoyed thersen. Ther wor all sooarts bobbin up an' daan, but ther wor some, 'at aw think for daycency's sake, should ha' gien thersen's a gooid sooap lather before they'd come, or else bathed i'th' dark, for judgin' by th' luk on 'em they'd had noa watter near 'em sin th' last time they wor at Blackpool an' that must ha' been a year or two sin. Then we went on to whear th' wimmen wor enjoyin' thersen, an' varry comical they lukt i' ther blue bedgaans, an' as they duckt an' tummel'd abaat aw couldn't help sayin' to Ben, 'at altho' aw could watch th' men withaat onny feelin' o' fear, yet aw allus felt narvous abaat th' wimmen, an' aw couldn't tak mi e'en off 'em an' kept as near as aw could get, so as to be able to give 'em a helpin' hand if owt should happen. An' Ben sed he worn't at all surprised at that, for all th' chaps he'd met wi' wor th' same. Aw wor just pointin' one aght 'at aw thowt lukt th' handsumest i'th' bunch, when a voice spaik to me 'at awd heeard monny a time befoor.

"Aw thowt aw should find thi here," sed Mally.

"We've nobbut just com'd, have we Ben? Aw thowt tha'd be seekin' some fish for th' braikfast."

"Aw've been, but yond chap's th' mooast ignorantest an' insultin' aw ivver met wi'"

"Why, whear's ta been?"

"As tha wor soa particlar abaat havin' it fresh aw went to that fish shop whear tha tuk me yesterdy;—Queerium, aw think tha calls it,—an' aw tell'd him 'at aw wanted to buy that conger eel 'at aw pointed aght to thee yesterdy, an' when aw ax'd ha' mich he wanted a pund, he stared at me as if he'd nivver seen a woman befoor. Aw suppooas he thowt aw couldn't affoord to pay for it, becoss aw didn't happen to be dressed up, an' when aw ax'd him ha' mich it wor a pund he crackt aght laffin, an' tell'd me to goa hooam an boil mi heead."

"But tha hasn't done it seems. But he must ha' thowt thee soft enough. Yond fish are nobbut for exhibition, they ar'nt for fowk to ait."

"Ar'nt they? well aw know then they'd stand a poor chonce if they wor at awr haase, but as tha seems to understand things better nor me tha'd better come an' help me to buy some somewhear else, an' leeav them wimmen i'th' watter, for ther's plenty to luk after 'em baght thee."

"Aw'll show yo' th' shop for fish," said Ben, "aw know just whear to goa, he'll sarve yo' reight."

Soa he tuk us to th' market an' we bowt some grand fresh mackerel, an' it turned aght at th' shopkeeper wor another throo Bradforth, an' we gate on tawkin' reight friendly like, an' Ben tell'd us 'at he wor reckoned one o'th' wonders o'th' taan, for he wor as mich at hooam i'th' watter as th' fish thersen ommost; for he'd spent soa mich time in it wol he'd getten *Hughes'd* to it. He wor a jolly sooart ov a chap an' invited us all to goa to th' Baths o' th' Sundy mornin' an' he'd let us have a treeat befoor gooin to th' church. We went back to Ben's lodgins an' we had th' fish cooked an' all had braikfast together, an' then th' lanlord sed he could let us a raam, if we liked to stop, as two o' his visitors, (they allus call 'em ther visitors) wor gooin away, an' we decided at once to tak him at his word, soa we gave him th' tickets for th' luggage, an' after a bit ov a wesh an' a straighten up we started off to enjoy ussen. Th' tide wor up, an' th' sky wor beginnin' to luk heavy, an sooin a few heavy drops began to fall, an' Mally began to wish shoo'd put on her tother bonnet. Ben advised us to goa to th' Winter Gardens as he wor sewer ther wor gooin to be a heavy shaar, an' he showed us th' rooad, for he sed he couldn't spare time to goa hissen as he'd some important business to luk after, but he'd see us agean at neet. What his business wor worn't onny business o' mine, but i' two or three minits aw saw him gooin past tother end o'th' street wi' a smart' young woman on his arm, an' it worn't Missis Ben, but it mud happen ha' been his wife's sister, for his wife did live i' Lancashire when shoo wor a little lass.

Ther wor hundreds o' fowk gooin to th' Winter Gardens beside us, an' ommost th' furst chap aw saw wor th' manager hissen,—another Bradforth chap. When aw pointed him aght to Mally, shoo sed it wor ommost like bein' at hooam for ivverybody shoo met 'at shoo knew, belang'd to Bradforth, an' that worn't soa varry wonderful considerin' 'at unless they did come throo Bradforth shoo wodn't know 'em. When we'd paid us sixpences an' getten in, nivver mind if Mally worn't capt, an' when shoo stood starin' at th' faanten an' lukt up at th' crystal dome at lukt like a giant sooap bubble 'at had settled at top o'th' buildin', shoo could nobbut say, "Well, did yo ivver!" Shoo lukt up wol awm sewer her neck must ha' warked.

"They did reight to put that up thear," shoo sed, in a bit.

"Eah! But what does ta think made 'em put it up thear?"

"Onny fooil 'ud know that," shoo sed, "why, if it had been daan here, it 'ud ha' been mashed to bits long sin, an' soa they put it up whear th' lads connot throw stooans at it."

"Aw nivver thowt o' that," aw sed.

"Happen net, but tha wod ha' thowt on it if tha'd had as monny winders to pay for as aw've had.

When we gate inside we fan thaasands o' fowk, an' even to me 'ats knockt abaat th' world an' seen a thing or two, aw must say 'at ov its sooart ther's nowt to equal it, an' it's a credit to all connected wi' it. Mally thowt th' same, an' shoo enjoyed hersen to her heart's content.

"Aw thought th' Queerium wor furst rate, but this licks it," shoo sed. "Nah, aw should just like to end mi days in a place like this if aw could have it rent free, an' cleared at that, an' a nice weshkitchen built off one corner. Ther'd be noa bother wi dryin' clooas here, nawther rain nor smuts nor nowt. Why, aw should want th' weshin' day to come six times i'th' wick. Aw wonder if they let fowk dry ther clooas here i' Winter? Happen they wod if somdy'd to mention it."

"That fish has made me varry dry," aw sed.

"Has it? well aw'd as mich fish as thee an' awm net dry," but tha'd ha been dry whether tha'd had fish or net, but aw shall net give my consent for thee to begin gettin' owt to sup soa sooin on i'th' day, an' considerin' 'at its nobbut abaat once in a year at tha gooas aght wi' mi aw think tha mud do withaat an' stick to me, for aw shalln't have owt, nor aw shalln't goa wi' thee to have owt."

Aw didn't want to fall aght wi' th' old craytur, but it wor true enuff aw wor dry, an' aw believe shoo began to think soa in a bit, for shoo offered me a mintdrop. (Aw nivver could understand ha it is wi' some wimmen, they seem as if they nivver get tired o' mintdrops, an' whether its stummack wark or heead wark,—whether its watchin' a carcus or hearin' a sarmon, they mun allus have a mintdrop.) Aw declined her offer wi' thanks, an' shoo shoved it into her maath, an' shut her lips ovver it, as mich as to say, shoo knew what wor gooid if aw didn't. A'a! but aw wor dry, an' aw could think abaat nowt else. Aw saw it painted up, "To the Refreshment Rooms," but aw didn't dar to goa. Just then some music struck up, an' we went to find it, an' thear we fan ussen in a big skatin' rink, an' fowk wor skimmin' raand like birds on a pool.

"Nah, that's grand!" shoo sed, "if aw wor a bit younger nowt ud suit me better nor that."

"Thart plenty young enuff! ther's lots older nor thee at goa skatin'." Awd kept watchin' fowk goa aght ov a door at tother side, an' when they coom back they wor allus wipin' ther maaths, an' aw kept gettin' drier an' drier. Then a thowt struck me. "If aw wor thee awd have a pair on, just soa as tha can tell awr Hepsaba. Awll put em on for thi an' see 'at noa harm comes to thi."

"Aw shouldn't mind tryin' an odd time, if aw thowt——"

"Aw didn't give her time to alter her mind, but off aw went an' borrowed a pair. Shoo hardly liked th' idea o' havin' em on, but aw caanseld her an' as sooin as they wor fassened, aw lifted her up and tuk her to a pillar an' tell'd her to stick fast to that wol aw went to fetch some rosin to put on for fear they might be too slippy, an' away aw

SEETS I' BLACKPOOL. 49

ran aght o'th' door at tother side, an it wor as aw thowt it wod be, an' aw rushed up to th' caanter, an' ax'd th' young cap for two penoth o' rosin, an' he stared, — "Th' same as this," aw sed, "an' pointed to th' glass 'at wor standin' at th' side. He sarved me an' aw put some watter to it, wol aw could hardly taste it, soa aw thowt awd have just another taste, as befoor, an' then aw went to whear awd left Mally, an' thear shoo wor safe enough, wi her arms twined raand th' pillar. "Whearivver has ta been? aw thowt tha wor nivver commin' back. Tak theas things off my feet as sharp as ivver tha can."

"Why, tha knows aw had to goa for some rosin, an' wor as sharp as aw could."

"Tak em off! Awll nawther have em rosined nor greased."

Aw sooin had em off, an' tuk em back to th' chap, an' when aw gate back to Mally, shoo seem'd all in a flutter.

"As tha'rt soa dry," shoo says, "aw think we'll goa an' have just a taste o' summat, for awm all ov a tremmel."

Aw didn't tak her to whear awd been, but aw went up stairs to whear awd seen it printed up, "To the Refreshment Room," an' then we went daan a broad staircaise, an' opened a glass door, an' awm blest if it wornt th' same spot after all!

D

"What shall we have," shoo sed, "wi ta have a glass o' ale or twopenoth?"

"Two penoth," aw sed.

"Here, young man, just let us have two two's o' rum."

He sarved em in a minit, an' as he put it daan, he sed, "Here you are, two two's of rosin as before," an' he wink'd at me, but Mally didn't wink, but shoo stared varry hard, an' as shoo held her glass in her hand, shoo shook her heead, an' sed solemnly— "Sammywell, aw believe thy rosin is all fiddlestick, an' if aw hadn't seen thi goa wi mi own een, aw should ha thowt tha'd been nearer th' rum nor th' rosin."

"A'a, aw nivver met wi thi like!" aw sed, "come on an' let's luk what ther is throo here, soa we went, an' thear wor another skatin' rink, but it wom't covered in, an' if it hadn't been for th' rain at wor fallin' it ud ha been th' best o'th' two. But this didn't suit th' owd woman, soa we went back agean, an' upstairs whear ther wor a famous peep show, wi views o' Windsor Castle inside an' aght, an' aw dooant know what besides. Then a chap coom wi a copper fryin' pan, 'at he had hung wi a string an' he bray'd at it wi a drumstick, an' aw thowt seemed varry fond o'th' job, an as all th' fowk seemed gooin i' one direction we follard, an we'd a shillin' a piece to pay, an' we wor inside a big theatre, bigger nor owt o'th' sooart at Mally'd ivver seen. Aw thowt it wor a gooid deeal o' brass to pay when we went in, but aw wor satisfied at we'd had a gooid shillinsworth befoor th' play fairly started, for it wor weel worth a shillin' to hear th' music. Altho we'd nivver bitten sin braikfast time, we nivver felt hungry wol it wor ovver, an' then we went to another part o'th' buildin', an' we'd a gooid tuck aght, an' enjoyed it, an it wor gooid i' quality an' reasonable i' price. When we'd finished, th' chap wor hammerin' away agean wi his fryin' pan, an' we follered th' rest an' a chap wor callin' aght—"This way to Harry Liston's entertainment," an' we paid another sixpence a piece, (though ther wor free seats, but we didn't want thrustin,) An' we did listen to Liston, an a very funny chap he wor, an' altho Mally laft ivvery bit o'th' time, shoo nivver blushed once. When that wor ovver it wor still rainin' an' as ther wor plenty more to see, an' ivvery comfort provided at a reasonable mortal could want, we thowt we'd mak th' day on it.

Th' fowk thersen wor a seet worth gooin a long way to see. But th' gem o' all th' lot is th' Fearnery. All th' plants an' trees wi ther staties mixed amang, sink to nowt when yo enter that little paradise—noa writin' can describe it, an' noa brush could give an idea ov its beauties. Th' choicest ferns from all parts, an' richest mosses mixed wi trailin' plants an' stately trees, wi silent pools an' tricklin' streams, all juttin' or clingin' or creepin', or nestlin' i' fantastic rockeries, 'at seem to be held i' ther places wi some fairy power, maks one ov the lovliest bits ov enchantin' scenery 'at could be fancied. Here an' thear are comfortable seats "for whispering lovers made," useful noa daat, but aght o' place i' such a place, at leeast aw thowt soa, but Mally didn't, for shoo sed they wor varry comfortable, an' th' next weet day ther wor shoo intended to bring her knittin', an' enjoy hersen. Aw believe if Mally wor livin' when th' last trump saanded, shoo'd contrive to get cronked into some nook, whear shoo could see what wor gooin on, an' knit.

After that we went throo th' pictur gallery—its nobbut a young en yet, but its expected to grow —Ther wor allus sweet music floatin' raand yo, whearivver yo wor, an' summat pleasant to luk at. It'll hardly be fair to leeav all th' wonderful models withaat a word, for th' young fowk wor delighted wi 'em, an' some o' th' old fowks too, an' th' number o' pennies 'at they coaxed aght o' fowks pockets wor wonderful. "Drop a penny into the slit and the model will work," an' Mally kept droppin' an' droppin', wol shoo'd noa moor to drop, an' then shoo dropt it, an' aw perswaded her to goa aghtside for a bit ov a change. Th' rain wor ovver an' th' evenin' wor nice an' cooil, an' we walked backards an' forrads bi th' side o'th' silvery shinin' seah, until we felt fairly wearied aght wi a days enjoyment, abaat which we'd nowt to regret, unless it wor, as Mally sed, net seekin' th' fiddle, but runnin' after th' rosin.

CHAPTER FOURTH.

UNCLE TOM'S CABIN.

A COMFORTABLE supper an' a comfortable bed, an' a saand sleep made Mally an' me as fresh as could be, an' we gat up an' had a walk aght along th' South Shore. Onnybody 'at gooas to Blackpool i' summer-time for pleasur, maks a big mistak if they dooant get up early ith' mornin', for when th' weather's fine its th' grandest pairt o' th' day, an' if it wor nobbut for th' sake o' seein' th' young fowk i' ther neat print wrappers, an' simple hats an' sun bonnets, its worth while makkin' an' effort. Latter on ith' day when they've getten bedeck'd i' all ther finery, they may luk varry stylish, but net hawf as bonny.

Th' seah wor varry smooth an' ther wor three or four little booats wi ther white sails, an' as far as we could see ther wor two long black lines o' smook at showed where two vessels wor steamin' away. We sat daan an' let th' sun shine fully on us, tawkin' quietly abaat things at wodn't ha interested onnybody else, an' aw began wonderin' ha it wor 'at aw managed to get sich a gooid share ov all life's pleasures, wol aw could call to mind lots at wor a deeal better off nor me, (as far as brass gooas), at had hardly ivver seen owt or enjoyed owt but gettin' aght o' bed to goa to ther wark, an' leeavin' ther wark to goa back agean to bed. Ov coorse if they're happy, it isn't for me to grummel, but aw daat varry mich whether it be possible for them to feel th' same gratitude to th' Creator, as him at sees an' feels th' beauty an' granduer ov his works. That man who can see moor beauty in a sovereign, nor he can in a sea shell has a mich lower taste nor he wor born wi, an' th' fact at a sovereign will procure for him nescessaries an' luxuries at a sea shell wodn't buy, doesnt alter th' fact at that man who can mak sovereigns wi th' greatest ease, could nawther mak nor get made, th' simplest shell 'at we crush under us feet. After we'd gooan as far as th' Manchester Hotel, an' refreshed wi a drop o' new milk, flavoured, we started back an' went throo th' markets;—varry nice markets too, but hardly equal to what aw think they sooin will have, an' we bowt some fresh sallit an' a pund o' mutton chops an' went back to braikfast.

When we gate in, who should be thear but Ben, an' abaat hawf a duzzen moor chaps, an' they wanted me to mak one ov a party to visit Uncle

Tom's Cabin, but aw could see they didn't want Mally. Aw didn't know ha to manage to leeav her behind, but fortun wor i' mi favour, an as we wor puttin' th' chops aght o' th' seet shoo says,— "Sammywell, aw dooant like th' luk o' that rookery —aw fancy they're too rough for sich as thee an' me, doesnt ta think soa?"

"Aw do, lass, but what can we do? Ben 'll be awfully put abaat if we dooant goa, an' aw shouldn't like to vex him, for tha knows he wor varry gooid to us when he met us, an' we should nivver ha been here but for him. But aw'll tell thi ha we can shap it;—Tha can tak thi knittin' an' sit on th' promenade wol we come back, we'st nooan be long, for we're nobbut gooin as far as Uncle Tom's Cabin."

"Uncle Tom's Cabin! A'a! aw wodn't miss it if awd to walk twenty mile! An' is he livin' yet? Whativver will yo say! poor Eva's deead—shoo wor a nice child, an' Topsy too. But aw say, aw thowt Uncle Tom wor deead!"

"Thart wrang agean,—its nobbut a public haase 'at they call Uncle Tom's—its nowt to do wi what tha'rt tawkin' abaat."

"If its nowt but a public haase its net worth thy while to goa. Tha can find plenty o' them cloise at hand. But if tha does goa, tha mun promise me at tha'll behave thisen an' come back i' gooid time."

Aw wor fain to promise owt to get off, but aw

didn't feel safe wol aw gate turned th' corner o' th' street.

"Nah, we've getten shut o' th' old woman, we'll have a reight spree," sed Ben, an' aw could see they wor all in a mind.

"Sithee, Sammy! luk yonder! When tha gets back to Bradforth, tha can tell 'em at i' Blackpool they put Baths at top o' th' long chimleys!" but it wor nobbut th' word BATHS 'at they'd stuck up, tho' it did luk funny reight enuff.

"What does that booard say?" says Ben, "Claremont Park! Let's ax this chap if we can get to Uncle Tom's that way," soa he ax'd a chap at wor sittin' readin', an' he sed it wor th' best way, soa we paid a penny a piece an' went in.

Ther's one thing aw connot understand abaat visitors to th' seah side. They all seem to be smittled wi a readin' fit, as if they couldn't read at hooam. Yo noa sooiner see a chap or a young woman sit daan, nor aght comes a yollow back't book, an' they start readin' as if they wor studyin' for a skooil examination. An' if it wornt 'at yo noatice 'em have ther book th' wrong side up, yo'd think they wor deeply interested.

As we went walkin' on we kept wonderin' whear th' Park wor, an' when we coom to some gates at let us aght into a rooad, we ax't a chap 'if he could tell us th' way to Claremont Park?'

"Why, yo've just come throo it," he sed.

We turned raand to have another luk, an' then we stared at one another in a dateless sooart ov a way, an' then we set up a crack o' laffin, to think what fooils we'd been. "By gow!" sed Alec, when aw get hooam aw'll stick a fuschy into awr back yard, an' kursen it "Claremont Park!" aw mud as weel have a Park as onnybody else."

"Why," aw sed, "they've nobbut done like some wed fowk do, chossen th' name for th' child befoor its born. Ther happen will be a Park some day."

"Let's have a bit o' bacca befoor we goa onny farther," sed Sim, an' we all looadened an' wor sooin puffin away.

We wor i' rare spirits, for we wor lukkin' forrad to a day's gooid fun, an' we trudged on, until we stood ith' front o' th' singin' raam, ovver th' top o' th' door o' which stood Uncle Tom an' his wife an' family,—an' they say at they're considered to be varry gooid likenesses, to say at th' chap at did em nivver saw th' originals—but th' artist whoivver he wor managed to catch th' color o' Uncle Tom's complexion to nowt.

"Nah," sed Ben, "aw propooas we have a drink an' then consider what's best to be done next," but aw couldn't help thinkin', judgin' bi th' craaded state o' th' drinkin' shops at what Ben suggested as a start, wor what it seemed varry likely to continue an' finish wi.

Shoo's a buxom body is th' mistress an' her cheeks like two crimson dailias, an' shoo can smile tuppence aght ov a chap's pocket as weel as onnybody aw've seen for a long time. Ther wor a famous lot o' fowk abaat, net quite sich a touch-me-not lukkin' set as ther wor abaat th' North Pier, an' they'd browt ther own baskets o' prog, an' wor suppin' ginger beer aght o' th' bottle neck, an' when they laft, they didn't hold up a fan ith' front o' ther face an' titter, or let a little smothered He, he, he! ripple aght, but they rested ther hands o' ther huggens an' threw back ther heead an' oppened ther maath wol yo could see daan ther throit, an' rooared aght a "Ha! ha, ha-a-a-ah!" 'at freetened th' seah guls an' made th' wooden shanty ring ageean, an' if one o' th' lasses gate touched shoo shriked like a railway whistle, an' sed, "Drop it, wi ta!" an' then ran to get tickled ageean. Then we went to th' swings, an' it wor agreed 'at we should all get in. Aw tried to back aght, for they didn't luk onny too safe, but it wor noa use, aw had to get in. Aw've done monny a thing at awr Mally's sed aw desarved to swing for, but if shoo knew what aw suffered, shoo'd be moor merciful wi her punishments. Aw've been love-sick an' aw've been seah-sick, but awther on 'em befoor bein swing-sick. Aw wanted to stop as sooin as we'd getten weel started, but th' chap at wor my partner, wor a reglar demon, an' aw tell'd him soa.

"Dee mon!" he sed, nay aw'st nooan dee wi this, its rare fun is this!" But aw crooidled daan an' stuck as fast as aw could to th' sides, for aw wor freetened o' bein' pitched aght ivvery time he pooled th' rooap.

"Oh! luk at Sammy!" shaated tothers, "isn't he enjoyin' it! Give him a gooid en, Billy! it isn't ivvery day he has such a lift up i'th' world!" an' thear they went on, an' aw wor as dizzy as a booat horse.

In a bit th' chap 'at had charge o'th' swings coom an' stopt us, an' he sed we'd had aboon us share, an' aw didn't contradict him. I crept away quietly to th' back ov a photograph shop an' awd a few minits bi misen, an' when aw left, aw thowt aw mud as weel ha' sav'd th' price o' my share o' mutton chop an' sallit. They spied me just as aw wor pykin raand th' corner—

"He's been to have his likeness ta'en, awl bet!" sed Ben.

"An' he's seen his face i'th' glass an' it's freetened him," sed Alec, "just luk ha' white he is i'th' face."

But when they saw 'at aw wor poorly they sed, they wor varry sooary 'at awd sich a kittle stummack, an' advised me to get a basin o' sago-gruel, an' goa to bed an' get th' lanlady to hap me weel up an' get onto a sweeat, an' they'd send for a cab for me an' get me ta'en to th' hospital if aw worn't better bi neet. Aw nivver met a strong hearty chap 'at ivver could sympathize wi' one 'at ail'd owt, but aw tuk noa nooatice o' ther tawk, but went an' tell'd th' mistress 'at aw felt reight badly, an' ax'd her if shoo'd mak me a sup o' teeah. "Yo're just i' time," shoo sed, "for awm just gooin to have one misen, soa come into this little raam an' we'll have a cup together."

Aw didn't need noa second invitation, an' shoo tem'd me a cup aght, an' then shoo fotched a drop o' summat in a little messur an' divided it between her an' me, an' ther wor a bit o' nice tooasted cake, an' some cold ham, an' we gate on famously. Aw nivver felt better i' mi life nor aw did in abaat ten minits, an' shoo tawk'd away as cheerful as if shoo'd known me all her life, an' when shoo axt me ha' old aw wor an' aw tell'd her, shoo says, "Well if ivver! why, yo're just th' same age as my father wod ha' been if he'd lived another three wick!" an' if Ben hadn't just popt his heead in an shaated "Aw'll tell yore Mally o' thee!" we should ha' been able to trace a relationship in abaat other five minits.

"What is ther to pay, missis?" aw axt.

"Nay yore welcome to what yo've had! Aw'st charge nowt, for it's seldom a body gets a sensible chap to talk to at this time o'th' year."

They chaff'd me rarely when aw joined 'em, but aw could stand it, for th' laff wor o' my side, an' aw sooin shut Ben up when aw axt him who that young woman wor at he wor walkin' aght th' day befoor.

Then we went to hear some singin', an' two or three varry gooid ens ther wor, an' ther wor a band o' music, and ther wor scoors o' couples doncin aghtside. Aw should ha' liked to ha' had a goa misen, but aw could nivver do owt but two steps an' a shuffle, soa aw had to be satisfied wi' watchin' tothers. All mi mates had managed to get hold ov a woman apiece, an' they wor enjoyin' thersen rarely. But as aw couldn't join 'em, aw went an' watched th' dobby horses, an' th' shooitin gallery, an' then aw went back to have a drop o' rum hot an' a bit o' sewgar, but as th' place wor soa thrang aw tuk mine into a little raam, whear aw could be quiet. It wor varry nice an' comfortin' an when aw rang th' bell to order another drop, th' lonlady coom an' axt me if aw felt onny better, an' aw sed awd nivver felt as weel i' mi life; an' shoo went to fotch me another drop, an' when shoo coom back shood another bloomin' damsel, abaat forty year old, wi' her.

"Sithee, Mary," shoo sed, "this is him 'at aw wor tellin thi abaat. He's just th' same age as my father wod ha' been if he'd lived another three wick. This is awr Mary, sir," shoo sed, bi way o' introduction, "net 'at shoo's fairly owt akin awther to me or th' maister, but shoo's own sister to a lad at awr maister once traded some pigeons wi, an' we allus luk on her like as one on us. But aw mun be lukkin after th' customers, an' awl leeav yo' two to keep one another i' toit," an' away shoo went.

Awm a varry poor stick i' ladies society, for awm allus fast what to say, but aw axt her if shoo'd have a drop o' summat, for aw thowt that wor as gooid a beginnin as aw could mak; an' shoo sed "shoo'd noa objections as it wor varry warm," soa aw ax'd her to sup wi' me, friendly like, an' shoo did, an' shoo sed "it wor just to her taste, ther wor nowt shoo liked better nor a drop o' rum warm if it wor reight mixt."

Aw tell'd her to sup it up an' aw called for another, an' then shoo gate on tawkin' abaat old times. "Ther's nooan sich days nah," aw sed, an' then aw tell'd her one o' my old coortin' tales, an' shoo laft wol tears ran daan her cheek, an' aw had to lend her mi silk kerchy to dry 'em off wi', an' then aw ordered another same as th' last but wi' a trifle moor sewgar. An' then shoo tell'd me what once happened to her when shoo wor a lass, but as its a saycret 'at shoo nivver breathed to onny mortal but me aw darn't tell yo' what it wor, but aw will say this mich, 'at if it's true, an' aw've noa reason to daat it, he wor a scamp to treat a nice young lass, as shoo wor at that time, i'th' way 'at he did.

Threepenoths o' warm rum an' watter dooan't last long when ther's two on yo joinin' at 'em, soa aw kept on orderin' an then as shoo wor tellin' me all abaat her family affairs, an' didn't want ivvery body to hear, which wornt likely, shoo coom an set clooise to me, soas to be able to whisper. It seem'd to please her, an' it didn't hurt me, an it felt a deal better nor sittin' bi misen. In a bit, as th' music struck up agean, shoo axt me if aw could donce, an' aw wor foorced to tell her aw couldn't, "But aw can sing a bit," aw sed, "Why, awd rayther hear a song nor owt," shoo sed, "Shall aw fill this agean befoor yo start."

"Eeah," aw sed, "an' keep it filled, awm nobbut just beginnin' to like it."

"Nah for this song!" shoo sed, as shoo coom in. Aw felt just in a singin' humour, an aw allus fancy at ther's nowt like suitin' th' action to th' word, soa aw tuk hold ov her hand an' sang, "Should auld acquaintance be forgot," an' it browt tears into her een agean, an' shoo begg'd awd sing another, an' as awd getten fairly into harness, aw tuk her hand i' mine, lukt into her face as beseechingly as aw could, an' throwin' all th' feelin' aw could muster into mi voice, aw started. "Tell me Mary, how to woo thee," but aw nivver gate onny farther, for mi hat flew off, an mi heead just rung as if a bull wor buttin' a breead bowl.

"Soa, aw've catched thi i' th' act, have aw! This is th' way tha spends thi time is it, wol awm left sittin' all bi misen? But aw'll pay thi off for this, see if aw dooant!"

Th' lanlady coom to see what wor to do, an' shoo saw ha matters stood in a minnit.

"Ther's nowt wrang missis," shoo sed to Mally, —"If ther's onnybody to blame its me, for aw could see 'at yond lot o' chaps at he wor wi' wor sadly too rough for him, an' wor makkin' nowt but gam on him, an' behavin' shameful. An' he's been reight badly, an' awve had to mak him a sup o' teah, an' aw sent awr Mary in to keep him cumpny a bit wol yo coom, for aw sed yo'd net be long, an' awve kept a cup o' teah waitin' on th' hob for yo, for aw dooant think yo've had onny."

"Net aw marry! An' aw mud goa withaat for ivver an ivver for owt he cares. He'd rayther be singin' love songs to fowk." An' shoo lukt varry hard at Mary.

"He wor nobbut tellin' ha yo an' him used to goa on i' yor young days, an' he wor tellin' it to a woman as old as yorsen."

"Reight enuff, its different when its explained, but yo dooant know what bother aw have wi him."

"All gooid wives have bother wi ther husbands. Come this rooad."

Soa Mally went an' Mary joined em, an' they wor sooin' gabblelin' away like a lot o' geese.

Awd allus a knack o' gettin into trouble an' gettin aght agean, an' when Mally an' me met agean, it wor to goa an' have a luk at th' doncin', an' when Ben saw her, he coom an' seized hold on her an' made her donce whether shoo wod or net, tho' aw dooant think shoo wanted mich makin' an' as shoo whew'd past Mary an' me, shoo shaated aght, "Seize hold on him Mary, an' mak him donce!" an' Mary flung her shawl off, an' pooled me onto mi feet, an' takkin' me raand th' waist, shoo varry near squeezed mi inside aght, an' what wi th' swingin' i'th' mornin', th' rum i'th' afternooin, an' a taste o'th' umberel at neet, aw could hardly tell whether aw wor o' mi heead or mi heels. But awll just say this mich, to onny visitors to Blackpool, yo mud do war nor spend a day at UNCLE TOM'S CABIN.

CHAPTER FIFTH.

SUNDAY.

SUNDAY mornin—an' a varry bad heeadwark to start wi. Aw feel altogether aght o' sooarts, Mally sympathises wi me an' says it sarves me reight. Nowt ith' haase stronger nor teah an' coffee, an' th' publics shut up wol hawf past twelve. Six o'clock — what mun aw do?—Connot sleep, soa aw think awl get up an' have a walk aght. Mally thinks aw ammot fit to goa bi misen, soa shoo gets up too, an' we start off. Th' seah's same as me, a trifle restless, but th' fowk wi th' bathin' machines say its a grand mornin' for a dip. Think awl gie misen a duckin' —Mally says—"Draand thisen for owt aw care!" but aw dooant think shoo meeans it. Aw connot swim, but mi heead can an' its swimmin nah. After all th' soakin' aw had yesterdy, a gooid swill wod happen be as gooid as owt. Aw tell Mally 'at aw do railly think awl have a dip. Shoo says, 'if it had been whisky aw should ha been in long sin, but shoo doesnt believe aw've a waikness for watter.' Aw know ha it is, — shoo doesn't think aw've pluck enuff, but awl let her see.

"Awm baan to have a bath, Mally, an if aw crook tha's one consolation; — my club's paid up, an' tha'll have a trifle to draw."

"Tha's noa need to crook o' my accaant," shoo says, for it maks varry little difference to me whether thart wick or deead. But aw wodn't goa in to one o' them consarns if aw wor thee, for ther's "Crookall" painted o' ivvery one, an' aw reckon they gate ther name becoss they tak fowk into th' seah an' nivver bring 'em back."

"What's in a name," aw sed. Does ta think aw should ha been onny better chap if awd been called Jooans asteead o' Grimes?"

"Aw connot tell whether tha'd ha been onny better or net, but awm sewer tha couldn't ha been onny war."

Aw tuk noa nooatice ov her insultin' remarks, but put up mi finger, an' a chap oppened th' backdoor ov his machine, an' aw went in, Mally tellin' me to be sewer an' oppen mi maath, an' let mi inside have a cleean aght at th' same time. Aw tuk off mi clooas an' donned th' bather's uniform, an' th' consarn jolted away for a while, an' when it stopt, aw lukt aght an' saw aw wor i'th' middle o'th' ocean. Aw went daan three steps, an' th' watter wor splashin' abaat mi feet an' ankles, an' aw felt a deeal moor inclined for turnin' back nor gooin' forrad, but knowin' at Mally wor watchin' aw thowt awd goa another step, schews ha;—but ther worn't one, an' aw went flop like a porpus, an' aw railly did think it wor all up wi me. All th' wind seemed to be squeezed aght o' mi belluses, an' aw scrambl'd up, an' once moor saw dayleet. "Th' watter's nice an' warm this mornin'," sed a chap at wor swimmin' past. "Tha'rt awther a liar or else tha'rt a cold blooided en," aw sed, for it wor nooan warm to me. But aw began to feel a bit better in a while, an' after awd been bumpt ageean th' machine steps a time or two, aw ventured to wade aght a bit, an' it wornt long befoor aw began to enjoy it. Aw saw Mally wavin' her umberel, an' aw thowt awd let her see what a swimmer aw wor, so aw struck aght like awd seen other fowk, but mi heead wor varry heavy that mornin', an' aw sooin discovered 'at aw couldn't keep it aboon watter, an' aw could dive a deeal better nor aw could float. "Luk aght!" shaats a chap at wor swimmin' past, "Luk aght! ther's a shark!"

"Whear, maister, whear!"

"I'th' watter! It's just swallowed a Yorksherman!"

"Oh, well then awm nooan freetened, for if its tried one it'll ha fun em sich tough customers 'at it'll nooan tackle another," aw sed. But aw thowt it wor time to get back for fear aw gate into some sooart ov a pickle, an' aw should stand a fair chonce o' bein pickled if aw stopt onny longer i'th' briny deep; but when aw turned raand, aw couldn't see th' caravan. Aw could see Mally wavin' her umberel, soa aw waded towards whear shoo wor. "Come on!" shoo skriked.

"But aw connot come baat mi clooas," aw sang aght. "Aw've left 'em i'th' caravan an' aw connot find it!"

"Come aght wi thi!" shoo sed, "aw've gettin thi clooas here, an' a tewel too, luk sharp!"

"But fowk'll see."

"Ther's nowt to see unless they've a spyglass, an' ther's nubdy'll run away wi thee for thi beauty!"

Aw saw shoo had mi clooas soa aw waded aght, altho' aw didn't like it, an' as sooin as aw gate aght, Mally put th' umberell up, an' held it up like a little tent, an' aw gate into mi clooas as weel as aw could, wol shoo tell'd me 'at th' chap wi th' machine had th' chonce ov another job, soa shoo tuk th' clooas an' let him tak aght another chap.

Aw sed nowt, but aw thowt a lot, but if awd grummeld it wod ha made noa difference, for shoo does varry mich as shoo's a mind wi me.

After that we had a walk for abaat hawf an haar, but bi th'-heart! aw wor nivver as hungry i' mi life to mi thinkin' an' befoor awd satisfied mi appetite, Mally sed her shoolder warked wi cuttin' breead an' butter.

Bein' Sunday, we put on us best clooas, an' then aw sed aw thowt it wor time to goa to th' PRINCE O' WALES' BATHS to see th' ornimental swimmin', at we'd been invited to bi th' fishmonger. Aw could see 'at Mally didn't like th' idea, an' aw must admit aw felt as if awd rayther it had been Mondy. Still aw couldn't see ther wor onny moor harm i' me watchin' another chap have a bath, nor ther had been i' Mally watchin' me.

"If tha'll just sit thi daan a bit lass," aw sed, "awll goa daan, an' awll promise thi 'at aw'll be back i' time to tak thee to th' chapel."

"Awst do noa-sich-like thing! Aw've sat waitin' for thee befoor, an' aw've allus had thi to seek at th' finish, an' if tha gooas aw goa, soa tha can mak thi mind up awther to tak me or stop whear tha art."

"Aw've nowt agean takkin' thi, tha knows that, but does ta think its a daycent thing to do, for a woman to goa at all?"

"If it isn't fit for me it isn't fit for thee, an' tha can awther goa or let it alooan, but aw'm net baan to trust thi aght o' mi seet this day. Tha does as tha likes at warty, but aw'll see at tha behaves thisen at Sundy."

"Well, come on then," aw sed, but aw wished awd nivver promised to goa.

When we gate to th' door, he wor waitin', an' after biddin' "Gooid mornin'!" aw tuk him a bit o' one side, an' tell'd him 'at aw wor feeard aw couldn't goa in, for th' wife wodn't leeave me.

"Well, isn't she coming? I thought you were both coming."

"But what will fowk say?"

"Nothing at all.—Its a usual thing here during the season to have swimming matches, by both men and wimmen. Come along!"

"Aw nivver like to be considered thin skinned, soa aw sed nowt noa moor but went in. Its a rare sheet o' watter, an' it'll be a varry nice buildin' when its all finished. Ther wor one or two little lads swimmin' abaat an' enjoyin' thersen, an' lukkin' as if they wor as comfortable an' as mich at hooam i'th' watter as aght on it. We'd lost awr friend Hughes for a bit, an' aw wor wonderin' which little hoil he'd crept into, when all at once aw heeard a splash at tother end, at made me think th' roof had come in, an' then his heead bobbed up just clooise to whear we wor standin' Mally gave a little skrike, an' he smiled, (or at leeast he screwed up his face to give us to understand 'at he wor smilin', but a swimmer's smile isn't up to mich,) an' then he began his antics. He swam front way an' sideway, an' backards way —an' he flooated straight aght, or doubled up—he bobb'd daan feet furst an' coom up feet furst, as if he'd feet o' booath ends ov his carcase, then he turned summersets, an' splashed an' spluttered abaat wol it wor like a storm at seah, an' then when he wor reight aght o' puff, he rose gently to th' top o'th' watter — crossed one leg ovver th' tother, folded his arms, shut his een, an' aw thowt he wor goin to have a nap, but it wor nobbut another part of his performance, an' in a minnit or two, he swam to one end an' gate aght. Awd nivver seen nowt like it befoor, an' aw dooant quite understand it yet, but aw suppooas its practice 'at's done it. Mally sed shoo should nivver forget it as long as shoo'd a day to live, an' shoo should nivver have onny daats abaat Jonah havin' lived i'th' 'whales' belly onnymoor, for shoo could see at it wor easy enuff, if he could get aght o'th' back door nah an' then for a breeath o' fresh air, an' then creep back ageean when he began to feel starved.—In fact, shoo sed, shoo thowt it ud be moor comfortable for Jonah nor for th' whale. "An' did ta nooatice what mussels he has?" shoo sed.

"It maks 'em have mussel does practisin' that sooart o' wark, for its nooan as easy as it luks."

"Aw think tha'rt too old to start nah, Sammy, but aw wish tha'd begun i' thi young days. Why one o' his legs wod mak moor nor two o' thine."

"Aw thowt we'd come to see th' beauty o'th' swimmin'," aw sed, "but it seems tha'rt moor taen up wi' th' bugth o'th' chap! Aw think its time we wor turnin' us thowts to summat else. An' it nobbut wants ten minits to sarvice time."

"Th' manfish, join'd us directly after, an' we thank'd him for th' treeat he'd given us, an' Mally tell'd him, at as long as shoo stopt i' Blackpool, owt shoo happened to want i'th' herrin' line, shoo'd buy it at his shop." "An' give my best respects to yore mistress, an' tell her aw say shoo owt to be praad on yo, for yor clivver an' noa mistak, an' it isn't ivvery woman 'at gets sich a husband." An' then shoo turned raand an' nodded her heead at me as mich as to say, "its true what aw say, an' tha may luk as faal as tha likes."

He laft an' shook hands, an' pointed us th' way to th' nearest chapel, an' if awd had onny bad feelins i' my heart they all disappeared, when aw stood up i'th' pew they'd kindly shown us into, an' joined i'th' furst hymn. After hearin' a gooid, saand, practical discourse, bi a parson at evidently believed it was his mission to preach 'joyful tidings' ov salvation, leeavin' th' fire an' brimstun to tak care ov itsen, we went hooam an' did justice to a shoolder o' mutton an' mint sauce, an' finished off wi' some traitle an' cake 'at Mally'd browt throo hooam. (It wor rayther stale, but shoo sed it wod have to be etten, an' it happen will, but net bi me if aw can get owt else.)

After dinner aw let mi pipe an' Mally gate a book, an' in' two or three minnits we wor booath fast asleep.

When we'd wakkened up, an' had an early cup o' teah, we went aght, to try an' mak th' best o'th' bit 'at remained o'th' day. Th' sky wor beautiful an' clear, an' a cool gentle breeze coom throo th' seah, th' tide wor aght an' we went onto th' sands an' strolled along enjoyin' ivvery thing araand us until we coom to ST. ANN'S. Here we had a rest. Ther's a varry fine hotel built to be ready for th' time when its wanted, an' they keep a stock o' varry old spirits,—aw know they must be varry old becoss a chap once tell'd me 'at all liquors lost strength bi keepin', an' if their's are kept mich longer they'll have no strength at all, for ther isn't mich as it is—an' aw believe what th' landlord tell'd me, 'ther isn't a heeadwark in a bucketful,' but its a varry orderly haase, an' yo're nivver annoy'd wi' druffen fowk, unless its some cheap trippers 'at have a bottle o' ther own i' ther pocket. Aw can liken th' place to nowt but a deead chap waitin' for th' coffin, for its nicely laid aght, but ther's noa life in it. But its just th' reight sooart ov a place for a chap to live at 'at's getten tired o' life, an' after livin' thear abaat three months, if he doesn't begin to lang for a bit agean, his case is a bad en, an' th' sooiner he 'livers in his checks an' th' better for his relations.

Th' walk back wor varry pleasant, an' we tuk us time, an' befoor we gate hooam th' sky wor fairly covered wi' twinklin' stars—th' breeze rustled amang th' long coorse grass 'at grew o'th' sandhills, like spirits softly singin' an evenin' hymn, wol th' distant ocean put in a deep harmonious bass. We didn't tawk mich, for all wor soa silent an' solemn, 'at commonplace tawk wod ha felt to jar on one's ears, but in a bit, in a low an' tremlin' voice, Mally gave vent to her feelings as she sang

> "The spacious firmament on high,
> With all the blue ethereal sky,
> The spangled Heavens, a shining frame,
> Their great Original proclaim.

An' shoo felt it. Ther wor noa mistakkin that! an' as aw pressed th' arm 'at wor hook'd i' mine, a bit cloiser to me, aw muttered to misen—"Old lass! 'tha'rt a deeal nearer Heaven nor some.'"

We wor weel tired when we landed hooam, but if awr een felt heavy awr hearts felt leet, an' we fell asleep withaat a fear ov what fate held i' hand for us i'th' mornin'

CHAPTER SIXTH.

FLEETWOOD AND RAIKES' HALL.

"WHAT says ta, Mally, if wi have a ride aght in a carriage to day? If th' young fowk 'ats able to walk, an' 'at's borrowed th' brass to come wi' can afford to ride up an' daan, aw think two old fowk like us may ventur. What's says ta?"

"Aw should like it furst-rate but awm thinkin' abaat th' expence. Tha sees yond youngest child o' awr Hepsaba's wants shortnin' for its ommost big enough to be britch'd an' aw know they are varry ill put to't, for wark's been scarce latly, an' aw think aw owt to help 'em a bit, for if ther own mother willn't do summat for 'em, who can they luk to?"

"Aw've nowt agean thee helpin her a bit, tho' aw dooant know at ivver onnybody helpt thee when tha wor havin' a family, an' we managed to drag awr lot up someway, an' aw think tha owt to luk after thisen a bit moor nor tha does, but tha mun be like to suit thisen, but awd a fancy to goa to Fleetwood to-day an' its too far to walk an' aw dooant care abaat th' railway."

"Tha's made up thi mind to goa aw know varry weel, soa what's use o' axin' me? Th' best thing aw can do is to get on mi' bonnet an' shawl an' goa wi' thi, but aw do hooap at ther'll nubdy see us, for if they'd to get to know i' Bradforth 'at thee an' me had been seen ridin' in a carriage they'd shaat us through th' streets."

"Let 'em shaat! We'st have it to pay for awl bet, an' if we wait wol they'd start a subscription for us we'st ha' to wait wol we want a heearse an' then awm nooan soa sewer abaat it."

But we did get a carriage, an' when aw gate snugly seated an' Mally i'th' front on me, aw dooant think fowk could tell th' difference between us an' th' lord mayor an' his lady. It's nobbut abaat nine miles, an' a varry nice drive, an' we enjoyed it. It isn't a place 'at yo'd be likely to fall i' love wi' at th' furst seet, but when yo've wandered abaat a bit yo' find moor to interest yo' nor monny a one wod fancy. Ha' it gate it's name aw dooant know, for ther's varry little *fleet* an' less *wood*, unless yo' reckon th' planks 'at's piled up on th' wharf. We had a gooid dinner at th' Fleetwood Arms, an' we tuk care 'at th' cab chap, (aw meean th' cooachman) had a gooid tuck aght an' then we started on an explorin' expedition.

Aw heeard a deeal o' tawk abaat Rossall College, an' aw thowt we'd goa thear. It wor a long walk but we wor fresh for it, an' when we gate thear we wor weel paid for us trouble. If awd a lot o' lads to bring up agean, aw should put misen to a bit o' trouble to be able to have 'em thear for a year or two. It's ommost like a little taan to itsen, an th' lads have all th' advantages 'at a comfortable hooam can give, wi' all th' opportunities for innocent enjoyments, a first-class schooilin, an' at th' same time kept clear ov temptations 'at a taan offers. Fowk 'at feel onny interest i'th' risin' generation, shouldn't neglect payin' a visit, an' awm sewer they'll nivver regret it, an' it's worth th' cost an' th' trouble if it wor for nowt else but to see sich a lot o' well made, well fed, hearty young lads,—gentlemen ivvery one, even tho' they may have to face th' world withaat a penny i' ther pocket, an' prophets ov evil may praich abaat England's decline wol they're black i'th' face, but a country 'll nivver decay at can raise sich a crop o' brain an' muscle as Rossall College gives a sample on.

That wor a varry wise warnin' ov a philosopher who sed, " Nivver prophecy unless yo know," but awm gooin to disregard it as awve done monny a thing befoor; an' aw ventur to predict 'at thers fowk livin' nah 'at'll live to see Fleetwood a varry different place to what it is. Haases an' shops are springin' up o' all sides an' thers a bustle an' goa-a-heead luk abaat what is thear, 'at promises weel for th' futur.

We couldn't stop as long as aw could a liked,

becoss we'd soa mich moor to see, soa after another refresher we started off back an' aw tell'd th' chap to set us daan at RAIKES HALL.

"Whativver are ta gooin to do nah?" sed Mally. "Aw want to have nowt to do wi' onny rakes—aw've had bother enuff wi' thi i' former days."

"Raikes' Hall, is nobbut th' name o' th' place," aw sed, "it's summat like th' Winter Gardens, nobbut its different, an' aw know tha'rt fond o' plants an' poesies, an' they tell me ther's a famous show, an' all sooarts ov amusements beside, an' ther's a skatin' rink, an'——"

"Tha knows aw've had enuff o' skatin' rinks, an' beside aw dooant think tha's getten that rosin i' thi pocket 'at tha reckoned to buy."

"A'a! sithee! isn't that sunset grand?"

"Tha'll tawk abaat th' sunset or owt else befoor that rosin, an' if th' trewth wor tell'd, aw believe th' rosin tha bowt ran daan thi neck."

"Nah, Mally, does ta meean to say 'at tha believes 'at aw should try to desaive thee?"

"Aw dooant believe owt abaat it, becoss awm sewer, for aw've catched thi at it ovver an' ovver ageean, an' if tha'd had some wives to deeal wi' tha'd nooan ha getten off as eeasy as tha has done."

Th' carriage drew up to th' gate, an' we wor handed aght wi' as mich ceremony as if th' carriage wor mi own, an' th' cooachman wor engaged at a standin' wage. When aw paid him his fare an' gave him sixpence for hissen, he touched his hat an' sed,

"Thank you, Mister Grimes."

"Ha does ta know at my name's Grimes?" aw ax'd.

"I used to know you when I lived in Bradford," he sed.

"Th' deggers! tha did? Well, if aw want to goa whear aw'st net be known, aw munnot come to Blackpool."

"Why, this is as grand as walkin' in a cemetary," sed Mally, as we walked up th' carriage drive. Awd noa nooation at ther wor owt i' Blackpool, but seah, an' sand, an' shrimps, but ther seems to be ivvery thing except factrys, an' harken to th' mewsic! A'a! wodn't it suit yond lad o' awr Hepsaba's if he could be here! he'd ommost lawp aght ov his skin."

"Well, come on," aw sed, let's luk at th' flaars befoor it gets dark."

It wor eeasy enuff to get her in, but aw thowt aw should nivver be able to get her aght, for at ivvery yard ther wor summat shoo wanted to luk at, an' it wor nobbut bi makkin' her a promise to bring her ageean when th' sun wor aght at aw managed to drag her away. Th' skatin' rink lukt grand, too, for ther wor hundreds skimmin away— an' if ther wor onny misery amang 'em, or onny

F

achin' hearts, ther faces wor soa veneered wi' smiles 'at yo'd nivver suspect it.

Th' gardens aghtside wor lukkin' ther best; faantains, staties, summer-haases, an' all sooarts o' little odd nooks hidden wi' rockeries an' trees. A grand concert wor gooin on ith' pavillion, an' ther wor doncin' booath inside an' aght. Bowlin' green, steam horses, shooitin' galleries — booatin' on th' lake—refreshment raams i' full swing, an' aw connot tell what beside, but nowt capt me as mich as whear all th' fowk had come throo, an' altho' Blackpool is a big shop, it's hard to tell whear they'd manage to put 'em all. We'd just sat daan to watch th' fowk 'at wor walkin' past, when somdy shaats aght — "Thear's Sammy an' their Mally! they'll just mak up th' next set!" An' thear wor Ben wi' his strackle-brained mates, just as full o' nowtiness as they could stick. They wor a gooid hearted lot enuff, but they seemed to forget at ther wor ommost thirty year differed their ages an' awrs. But it wor noa use—goa we mud, wilta or shalta, an' they marched us off to th' doncin' platform to join in a squadrill, an' we knew as mich abaat it as th' man ith' mooin, but th' music struck up an' we wor pool'd o' one side an' shoved to tother wol aw couldn't tell whear aw wor, but they seem'd to enjoy it whether aw did or net. But worn't aw glad when it wor ovver—a Turkish bath wor nowt to it! Aw wor ommost sweltered! Then we wor hauled away to th' refreshment raam, an' a drop o' soda watter, wi' summat in it, wor varry welcome, an' it wod ha been better for me if awd let one fit me, but awd ta stand mi turn, an' aw dooant know ha monny aw had, but aw dooant think awd as monny as Ben for all that, for they seem'd to have noa moor effect o' him nor teemin' slops daan a sinkhoil. But it wor different wi' me, for aw began to see two gasleets whear ther'd nobbut been one, an' aw tell'd 'em it wor noa use wantin' me to have onny moor, for awd had as much as aw could carry. "It gets into mi heead, Ben," aw sed, "An' it maks me feel badly ith' mornin' !"

"Why it allus flies to th' waikest pairt," he sed, "but as Mally has met wi' a woman shoo knows we'll leeav her for a bit an' have a nice quiet gam to ussen." Mally didn't object soa we went into one o' th' quietest corners we could find.

"Nah, then, who's to be th' mark?" sed Ben.

"Aw dooant know owt abaat th' gam," aw sed.

"Why, then, tha shall be th' mark, an' tha'll have nowt to do but stand still, an' tha'll sooin see ha its done. Put this coit on," he sed, an' he browt aght a long ulster—"Nah, put thi arms into this," he sed.

"But its th' wrang rooad befoor!"

"Nivver heed! it'll be all reight if tha gets it on." Soa like a fooil at aw wor, aw did as he tell'd me, an' when it wor buttoned daan th' back aw felt as if awd a strait wayscoit on.

"Nah, stand still just whear tha art," an' he put mi hat reight onto th' back o' mi heead, an' they all went behind me, tho' it lukt as if they wor at th' front on me wi' havin' th' coit on th' wrang side befoor.

"Nah, then," sed Ben, "tha mun say this nomony—"Mark, mark, all ith' dark, soldiers fire away!" an' awd noa moor sense nor say it, an' just when awd getten aght "fire away!" mi hat flew off an' sods came clatterin abaat mi heead as if it wor hailin' an' acre o' land. Aw didn't repeat that nomony onny moor yo can bet, but aw turned raand an' aw after them scapegraces as fast as aw could, an' they wor ommost doubled up wi' laffin'—Mally'd heeard mi' voice, an' judgin' ther wor summat to do at wor nooan reight, shoo rushed in amang 'em wi' th' umberel an' laid it abaat 'em reight an' left, an' aw ran up to her, but wi' havin' th' long coit on shoo didn't know me, an' if th' umberel hadn't flown aght ov her hand after th' third bat, ther's nubdy else wod ha done. As it wor, awd hard wark to mak her believe it wor me, but aw managed at last, an' shoo unbuttoned mi coit an' let me at liberty once moor. Then awd mi hat to seek, an' it had rolled away into a gutter an' wor bobbin' abaat like a shipwreck. Aw thowt awd had enuff for one neet, an' aw wor turnin' hooamwards when some rockets went up, an' then some roman cannels, an' soa we stopt a bit longer just to watch th' fireworks, an' it wor a grand seet. Mally wod ha enjoyed it better, but shoo wor soa put abaat on accaant o' me, an' aw should ha enjoyed it but awd soa mich muck daan mi neck. Ben coom for his coit after we'd getten hooam, an' he ligg'd all th' blame o' th' tother chaps, but aw knew better.

"Tha cannot have that coit, Ben," aw sed, "till after we've had another gam at "mark," an' tha'll ha to be th' 'mark' next time, an' aw'l taich thi th' nomony if tha's forgetten it."

"Aw hooap yo'll net think owt wrang abaat it, Sammy, it wor nobbut a bit ov a joak, an' we tuk care 'at th' sods should be soft."

"Eeah, but if ther hadn't been somdy thear softer nor th' sods that gam wod nivver ha been played."

But hasumivver aw didn't give him his coit, an' aw have it yet, an' if he gets it back befoor th' cold weather sets in he'll be lucky.

CHAPTER SEVENTH.

SOUTHPORT AND LYTHAM.

WHEN aw wakkened next mornin' after mi visit to Raikes Hall, aw felt raikish mysen, an' aw hardly dar luk Mally i'th' face, an' aw thowt, as aw couldn't mak a daycent excuse, th' best thing aw could do, wod be to seem net to know out abaat it, soa aw sed in a lively sooart ov a way, "What could ta like for thi braikfast owd lass?"

Shoo didn't spaik, but shoo gave me a luk, 'at wor intended to be reprooachful, an' to make me feel ashamed o' misen, but owin' to her havin' getten a grimey streak daan one side ov her nooas, an' her neetcap all askew, shoo lukt so comical wol aw crackt aght laffin, an' that soa nettled her 'at shoo seized th' bowster an' sent it flyin' at mi heead, but aw dodged it, an' it upset th' cannel-stick an' th' watter-jug an' sent her false toppin flyin' on a voyage o' discovery under th' bed, an aw tuk mi hook as sharp as aw could.

Aw stood opposite th' Albion ivver soa long,

argyin' wi' misen whether or net it wod be wise to have owt to sup, an' aw believe aw should ha' practiced some self-denial, but just as aw wor ready to start off, th' barmaid popt aght her heead, an' shoo smiled soa sweetly an' bade me "gooid mornin" soa perlightly wol aw couldn't do but have just a nip, an' aw believe it did me gooid. Then aw gate a little drop in a bottle an' put that i' mi pocket for Mally, an' then aw bowt some eggs, at th' chap declared had been laid that mornin; an' soa they had, an' if he'd said they'd been laid for th' last three months he wodn't ha' been far wrang—but as it happened it wor a lucky thing for me, for when aw tuk 'em in hooam Mally wor sittin' waitin' for her braikfast, an' shoo tuk 'em an' boiled 'em, but shoo nivver uttered a word to me, net even when shoo saw th' little bottle o' rum standin' at th' side ov her cup. When all wor ready we set daan an shoo tuk one o'th' eggs an' gave it a crack wi' her teaspooin, an' awm blowed if it didn't goa off like a bum-shell, an' we went off pretty sharply too, for ov all the stinks 'at ivver stunk, that lickt all. That raam wornt fit for onny Christian to enter for a full clock haar.

"Tha'rt detarmined to finish me wi' one thing or another," shoo sed, "but aw'll be even wi' thi yet!"

"Why, th' chap tell'd me they wor fresh!"

"It wor thee 'at wor fresh, it wor nooan o'th eggs! but they owt to be teed to a cart tail an' threshed throo th' street, 'at'll sell sich powse! It's enuff to give a body th' cholera morbus! Whear did ta get 'em? Aw should just like to ram one on 'em daan his throit!"

Aw tell'd her th' shop, an' as sooin as we'd swaller'd a cup o' teah wi' a drop o' braan cream in just to tak th' sickly feelin' off, shoo put on her bonnet an' shawl, an' tuk th' rest o'th' eggs back, an' judgin' bi th' color ov her face when shoo coom back, aw fancy he'd had a taste ov her tongue, an' shoo seemed a deal easier in her mind, an' aw gate off scot-free.

"What says ta to gooin as far as Lytham an' Southpooart, to-day?" aw says.

"If aw mun tell thi what aw think, it's just this; 'at th' sooiner we turn awr faces towards hooam an' th' better, an' if aw ivver land thear safely once moor they'll call me summat else nor Mally Grimes when aw leeav it, at onnyrate, net wi' sich a strackle-brain as thee!"

"Well, if this has to be thi last trip, tha' mud as weel mak th' mooast on it, soa we'll just have a nice quiet day, all to ussen."

"Tha knows varry weel 'at aw cannot goa when aw've nowt to goa in, an' that's th' reason tha keeps axin' me."

"Aw didn't know 'at tha'd nowt to goa in;—tha's as mich to goa in to-day as tha had yesterdy, an awm sewer tha lukt rare an weel then."

"Tha must be awther blind or gawmless! Cannot ta see 'at aw've nawther toppin nor curls?"

"Oh!" aw sed, "aw saw 'em fly under th' bed this mornin, awl foch 'em thi in a minit!"

"Tha's noa need to fotch 'em for aw fotched 'em misen, an' th' mistress has hung 'em up to dry i'th' kitchen, but they'll nivver be fit to be seen onny moor, an' it's all thy fault."

"Well, ne'er heed lass, come thi ways an' awl buy thi another, for aw think tha desarves a new en, for tha's worn yond a long time, an aw wor thinkin', nobbut yesterdy, 'at if tha'd thi yure done up gradely like other fowk, 'at ther wodn't be one at we've met 'at could hold th' cannel to thi."

"Let's have nooan o' thi soft tawk! for tha knows it all gooas in at one ear an' aght o' tother, but if tha means goin', let's be off!"

We sooin fan a barber's shop an shoo wor sooin set up wi' a new toppin, an' shoo wor as praad as punch.

We'd a grand sail to Southpooart an' aw wor capt to find what a place it has grown into. Twenty years sin it wor a bleak sandy lukkin wilderness, wi' a haase dotted here and thear, an noa appearance ov bustle and life sich as there is to-day. Blackpool has noa need to turn up her nooas at her sister Southpooart, for if shoo gooas on growin' at th rate shoo has done this last duzzen year, shoo'll rival her elder sister booath in her size an' her beauties.

Aw couldn't fancy a nicer place for a sickly body to spend a few weeks at, an' Mally sed 'at it wor ommost worth while to be poorly once i'th' year, for th' sake o' commin' thear to get weel agean. Aw tell'd her 'at aw fancied ther wor a gooid deeal o' wimmen *did* get poorly once a year for that varry purpose, but shoo sed, "Nowt o'th' sooart! aw wodn't have thy meean suspicious natur for a queen's ransom."

It isn't oft aw regret growin' old, for Time has used me varry gently, but when aw saw th' little childer runnin' an laffin' an rollin' i'th' sand, or splashin' i'th' watter, makkin th' breeze musical wi' ther merry voices, aw felt a langin' to turn back ageean, just for a day, to taste o' pleasures sich as it wor nivver my lot to know. We walked on th' pier, an' aw bowt some cakes an' we'd a glass o' milk apiece, an' Mally declared it wor booath gooid an' cheeap, an' then we sat daan an' awd a bit o' bacca, an' Mally pool'd a pair o' stockins aght ov her pocket an' darned 'em wol shoo rested hersen, an' softly sang—

> Tho' winds may roar and waves may roll,
>   Still to Thy cross I cling;
> Nor wave nor wind can scare the soul,
>   That nestles 'neath Thy wing.

An' shoo seemed as serene an' happy as if her husband had been a parson with a free pass for two to Heaven in his waistcoit pocket. Then we strolled along th' promenade, an' then along some o' th' streets 'at reminded me ov mi trip to Paris, for they wor shaded wi' beautiful trees, an' faantens here an' thear. Ther wor a famous lot o' grand buildins, far grander nor owt we'd expected to find an' hotels big enuff an' handsum enuff for th' Queen an' all th' royal family. We next went to th' Winter Gardens, an' that wor enuff to pay us for all awr trouble an' expense. It luks as if it has been raised by some fairy's wand, an' is decked wi' trees an' flowers inside an' aght. We spent a pleasant hour thear. Then we had to get a bit o' summat substantial for th' inside, an' as we wor loyal subjects, we ventured into th' Victoria, an' had some first-rate cold rost beef, wi' breead and pickles, an' a glass o' sparklin' ale, then we called at th' Queen, just for summat to settle it—next we had a luk in at th' Royal, an' th' Prince o' Wales, an' then we thowt we'd try th' station, an' as ther wor a train just leavin' for Lytham we jumpt in an' wor sooin put daan in a lovely little taan whear all seemed to breathe peace an' contentment. Just a place for fowk 'at's mixed i' th' bustle an' mooild o' trade to come for rest. We didn't get to see mich on it, for awr time wor growin' varry short, but we saw enuff to mak Mally change her mind abaat nivver settin' off onny moor, for shoo sed if shoo wor spared to live for another year, shoo'd spend a week thear.

Mally wanted to get back to Blackpool i' gooid time soa we tuk another train an' landed hooam just as th' electric leets wor strugglin wi' th' deein dayleet, an' after a short stroll, listenin' to th' waves as they splashed an' growled, we went hooam,—Mally tired but cheerful, an' me,—as Mally sed, "for once i' mi life, reight i' mi heead."

CHAPTER EIGHTH.

GRIMES'S REFLECTIONS.

MI heead felt bad this mornin' It's cappin' what a difference it maks in a chap when he's a bit aght o' sooarts. Aw felt inclined to fratch wi' th' sooap when aw wor weshin' mi face. Nowt at aw wanted wor whear aw thowt it owt to be, th' buttons wor to big for th' button hoils, an' ivverything lukt wrang. Aw darn't oppen mi maath to spaik for fear aw should say summat nowty at aw should be sorry for at after, an' aw darn't try to say owt nice for aw couldn't twist mi tongue into th' shape for owt but fault findin' Aw went aght lukkin' as faal as a mule, an' th' furst thing aw did wor to run bang agean th' gate pooast an' ommost smash th' nail off mi big tooa, an' aw wor baan to turn back an' blow th' fowk up for leavin' ther gatepooasts aghtside, but aw bethowt me 'at as it had stood thear ivver sin aw coom to th' place it wor happen misen at wor to blame. Aw went as usual, daan to th' promenade, but th' rooad lukt too dry an' th' watter wor sadly to wet. Th' fowk at aw met walkin' abaat wor all smilin' an' enjoyin' thersen, but aw thowt it ud seem 'em a deeal better if they wor at hooam mindin' ther business asteead o' wastin' ther time as they wor dooin' Aw sat me daan an' pool'd aght mi pipe thinkin' aw'd have a smook, but it wor stopt up. It tuk me hawf an haar to find a bit o' hay at aw could mak a vent wi, an' when aw'd getten it to draw, aw discovered 'at aw'd left mi bacca at hooam. Aw didn't feel to want a smook varry mich, but aw wor detarmined aw wodn't be lickt, soa aw started off for a bacca shop an bowt hawf a naance, an' after callin' an' gettin' a bottle o' soda watter, let daan wi' a drop o' summat warmin', aw went back an' set me daan to have mi smook aght. After a two-o'-three wiffs, aw began to feel a bit better, but net mich, for aw wor as kantankerus as a bag full o' sparrables. Aw felt as if aw wor bristlin' aght wi' points all ovver, an' if onnybody touched me they'd prick ther fingers. Aw hadn't been set varry long, when a respectable chap, ommost as old as misen, coom an' sat daan beside me an' wished me 'gooid mornin.' Aw answered him as surly as aw could, but he seemed to tak noa nooatice, an' began, in a nice quiet way, to tawk abaat th' weather an' sich like, an' altho' aw tried to be as gruff as aw could, yet aw felt rayther pleased, for aw wanted somdy to differ wi' an' aw didn't care who it wor nor what it wor abaat. Then he began abaat politics, an' aw nobbut waited to find aght which side he belanged to, an' then aw tuk tother, an' we argued for a while on that, but he had th' best on it, for aw believed i' all he sed, an' it made it hard wark for me to invent argyments to upset mi own convictions. Then we gate onto religion. —Nah, aw thowt, aw've getten thi just whear aw want thi, an' aw'll warm thi kettle reight for thi befoor aw've done, for th' mooast contemptible little imp can mak arrows an' let 'em fly at religion an' them at profess it, an' becoss they get nowt sent back at 'em, they fancy thersen victorious. But this chap wor soa serious an' soa sensible at aw began to feel, at furst, uncomfortable, an' then interested, an' if aw'd had onny daats as to th' trewth o' what he sed, aw should ha ended bi bein' convinced. Mi heead felt better, an' mi ill temper went away, an' when he gate up to walk away, aw gate up too, an' ax't if he'd onny objections to my compny, which he sed he hadn't. Yo mightn't think it,—but aw can assure yo it felt quite a nice relief, after bein' rollickin an' rowin abaat, to have a bit o' sensible tawk wi' a chap at understood what he wor tawkin' abaat. After a stroll ov abaat a mile, he pointed to a nice haase at th' rooad side, an' sed that wor whear he lived, an' he invited me in to braikfast. Aw hardly liked to goa, for it seemed a trifle aboon my cut, but rememberin' at 'No thank you,' had lost monny a lad a buttercake, aw accepted. If th' aghtside wor nice, th' inside wor nicer, an' we wor sooin dooin' justice to a dish o' mutton chops an' other things. When we'd finished he tell'd me to smook if aw liked, soa aw did, an' we gate on soa weel together wol he tell'd me a gooid deeal abaat hissen. He wor a widdower an' had been for a long time, an' he'd retired throo trade an' wor livin' on his savins, an' spendin' his time dooin' what gooid he could to his fellowmen in a quiet way. He tell'd me abaat his bringin' up, an' his gettin' wed, an' his gooin' to th' bad,—daan, an' daan, till ther seemed to be noa chonce for him ivver to rise agean; an' ha he gat a turn for th' better, at had led him on to what aw faand him. Aw went hooam, an' fan Mally inclined to have a quiet day soa aw set daan, but aw kept studyin' what he'd tell'd me, an' at neet after shoo'd gooan to bed aw thowt aw'd put that turnin' point ov his life into rhyme; an' aw did, an' here it is, an' aw call it—

CHEATING THE DEVIL.

A MAN,—what was left of him,—stood
   In a church porch one cold Sunday night;
Half frozen and craving for food,
   And anxious to keep out of sight.
The service had not yet begun,
   But the people were hurrying in,
And many who passed stole a look
   At the face of the vagrant, so thin.

And they shook off the snow from their furs
  As they passed, but they said not a word;
And forgot the poor wretch in the porch,
  When snug in the house of the Lord.
The parson, a good hearted man,—
  (One who labored for love, not for pelf,
One who always had made it his plan,
  To judge men as he'd be judged himself.)
In haste he was entering in,
  But he stopt when the man he descried,
And he noted his clothing so thin,—
  Then he motioned and called him aside.
"What want you, friend, here in this place?
  The bread of Life come you to seek?"
"No,—I came for a shelter and rest,
  For I'm starving, and famished, and weak.
You don't sell the bread I want here,
  If you did, I've no money to buy;
I'll not trouble you long, never fear,
  But I can't walk just yet if I try.
Do you know, mister parson, I think
  If you'd like to preach straight from the heart,
Go three days without meat or a drink,
  And you'll find that will give you a start.
Some bitterness might come out first,
  If charity should be your theme,
And you'd tell then of hunger and thirst,
  As it is, and not as it may seem.
It's easy to say trust the Lord,
  But when nobody else will trust you,
You begin to grow sick of 'the Word,'
  And to do as you see others do.

G

For man must have some victuals and drink,
    If he has to procure them by crime;
When you're starving you don't stop to think,—
    I've known what its been in my time.
Then they drag you up front of the beak,
    Unwashed and unkempt and half dead;
And you havn't the courage to speak,
    And you scarce know a word that is said.
Then he sends you to jail, and you're forced
    With the vilest of vile ones to share,
But you almost feel glad of the chance
    For there's always some food for you there.
What brought me so low, do you ask?
    The old story,—you've heard it before;—
It began with the sociable glass;—
    The taste grew, and I took more and more.
I'd a trade, and good wages I earned,—
    I'd a wife,—bless her soul! she's at rest;
And a child,—sir, you'd think my brain turned,
    Could I tell what is locked in my breast.
For if ever an angel was sent
    To dwell on this earth, it was her;—
But her birth left my wife nearly spent,
    And I shrank from my part like a cur.
I saw there was trouble ahead,—
    And drank deeper, my duties to shirk,
Then I got a week's notice to quit,
    Because I'd neglected my work.
We were not in want, sir, not then,
    For my wife had been frugal and saved,
But the little store didn't last long,
    More I drank, and the more still I craved.

And the child that had promised so fair,—
  Oh! sir,—do not think that I rave,
When I solemnly vow and declare,
  I'd have laid down my life her's to save!
She grew weaker as time rolled away,
  And no one could fathom the cause;—
She was ready for Heaven any day,
  If they'd taken her just as she was.
Well, she died, and I prayed to die too,
  Yes, yes, sir,—I know it was wrong,—
But what was a poor man to do?
  And my wife, she had never been strong.
And I saw as she stood by the grave,
  Where our darling was buried from sight,
That the mother would soon join her babe,
  And a month or two proved I was right.
Some said that I hastened her end,
  And they bandied our names in their chat;—
(My acts I'll not try to defend,
  But I don't think I ever did that.)
I'd been heedless before,—now I grew
  Mad,—reckless,—no friend but the drink!
I was going to ruin I knew,
  And they all seemed to say, 'let him sink.'
And I sank till I am what you see,
  The wreck of what once was a man;—
Can I work?—sir,—that question to me?
  Can a duck swim?—If so, then I can.
If I'd only a chance!—But too late!
  There's none will employ such a scamp;—
I've sought work at the factory gate,
  And been ordered away as a tramp.

A crown!—Thank the Lord!—Take it back,—
  Such a coin will not help me to-night,
They'd have me in jail in a crack,
  For they'd swear I'd not come by it right.
A few coppers to buy me some bread,
  And a pint of hot coffee or tea;
And as much as will get me a bed;
  Six peno'th,—that's plenty for me.
Meet you here, did you say, sir, at nine?
  And you'll find me with something to do?
That I will, if I live till the time,
  And your kindness you never shall rue.
In my heart there were thoughts bad and black,
  But your goodness has put them to flight;
You've saved me from ruin's fell track,
  And you've cheated the devil to-night.
Just one favour more ere I go;—
  When you're praying to-night, pray for me·—
That the seed you have sown here may grow,
  That a man once again I may be.
And,—and,—well, good-bye! I'll be here,—
  At nine,—standing close to the door;
My heart whispers now I am near
  My wife and my baby once more.

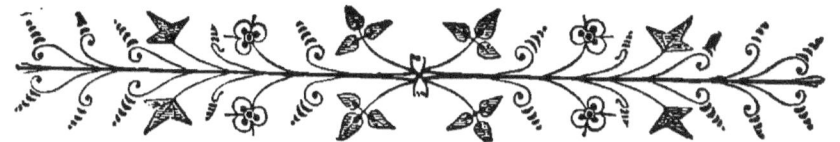

CHAPTER NINTH.

MALLY SEEKING FRESH FISH—MALLY AT TH' LIKENESS TAKKERS—VISIT TO TH' PRINCE OF WALES THEAYTER.

AW hate to wakken up in a mornin' an' find aw'm i' bed bi misen, for i' nine cases aght o' ten its a sign at aw've awther been misbehavin' misen th' neet afoor, or else a signal 'at Mally's getten her dander up abaat summat, an' awst be sewer to come in for a share o' tung when we meet. When aw oppened mi een this mornin' an' sent aght one leg on a voyage o' discovery to see ha things wor situated, aw wor roused up to th' fact 'at aw wor all allooan i' mi glooary.

Aw didn't lig long studyin' abaat it, for aw knew th' old craytur wod be ready enuff to enleeten me as sooin as shoo'd a chonce, soa aw gate up an' went daan stairs. All wor varry tidy, an' th' pots wor set o'th' table for th' braikfast, but ther wor noa Mally. Aw caard mi daan i'th' rockin' cheer thinkin' awd wait wol shoo coom in, for aw felt sewer shoo wodn't bi long. Aw couldn't help thinkin' it wor a queer move o' her part, to set off withaat me, an' aw gate all sooarts o' queer ideas into mi heead. Thinks aw, happen shoo's gooan to have a dip i'th' seah, an' wor too modest to let me know for fear aw mud goa to watch her. Then aw thowt maybe shood getten stawl'd o' my carryins on an' had gooan back hooam, an' left me to do as aw could;—or it might be shoo'd gooan onto one ot'h' piers an' getten blown ovver into th' watter, an' draanded; an' all sooarts o' fearful nooashuns kept creepin' into mi nut, wol aw couldn't bide a minnit longer, soa aw went an' fan th' mistress o'th' haase an' shoo sed all shoo knew wor, that shoo'd set aght to buy a bit o' summat for th' braikfast, an' shoo wor capt at shoo hadn't getten back long sin, for shoo'd been gooan aboon a whooal clock haar. Aw put on mi hat an' set off seekin' her, tho' aw'd noa nooashun which way to goa. Aw went throo th' market but aw saw nowt on her, an' then aw went daan to th' piers, but aw could see nowt, an' aw didn't care to pay to goa on, for aw thowt if shoo wor draand it couldn't mend matters, an' if shoo worn't shoo'd be sewer to turn up somewhear. An' beside, aw remembered her tellin' me ovver an' ovver agean, 'at a penny saved is a penny haddled, an' soa awd' a fancy to haddle a penny or two that way. Aw wor just gooin' past th' Quarium, when aw heeard two chaps laffin' an' tawkin' an' one on 'em wor pointin' at me, an' aw wor just worked up to that state o' feelin',—what wi a empty belly an' a unsettled mind,—'at aw didn't like to be pointed at even, soa aw walked straight up to 'em, an' ax'd 'em what they wor pointin' at me for? They stared at me a minnit an' then they set up another crack o' laffin' My monkey wor gettin' up to some pattern! Aw doubled my neives an' squared at him i' th' style o' Tom Sayers, an' tell'd him to come on if he wanted owt! Aw dooant think aw lukt hawf as mad as aw felt, for they nobbut seemed to enjoy it, asteead o' bein' freetened aght o' ther wits.

"Don't excite yourself, old man," sed one on em, pattin' me o'th' shoulder as if aw'd been a runaway mule.

"It's a very bad plan to excite yourself early in the morning, especially when you've been disappointed and had to go without breakfast."

"An' ha the deuce do yo know 'at aw havn't had mi braikfast?" aw sed, an' aw thowt aw must ha had a hungry luk i' mi face or he'd nivver ha been able to guess.

"Th' fact is," he sed, strokin' mi daan agean, "that we were very sorry to disappoint a lady like Mrs. Grimes, but to sell the conger-eel, would spoil our collection."

"What ta tawkin' abaat, cawfheead!" aw sed, "who wants thi collection, or thi conger-eel awther?"

"Be calm," he sed, an' he hooked his arm i' mine, an' mooashuned for his mate to follow, an' he walked me raand to th' Beech Hotel, an' we'd all a drop o' rum an' milk, an' then another, an' then,—an' soa on, an' what wi th' comfortin' drink an' th' barmaid's smilin' face, all mi ill temper melted away, an' aw felt as full o' kindness an' gooid-natur, as mi pocket wor empty o' brass, for when aw put mi hand in to pool aght some brass to pay for my turn raand, aw discover'd 'at Mally had cleared me aght o' ivvery hawpny, an' aw wor in a bonny pickle. Ther wor nowt for it but to tell th' barmaid th' honest trewth, an' aw left her mi bacca box an' a bunch o' kays as security for what aw owed. Then we had to have another, and then,—aw dooant reightly recollect what we did then, but aw know they tell'd me abaat Mally gooin to th' Quarium an' tryin' her best to get em to sell her th' conger-eel 'at wor swimmin' abaat, for shoo sed shoo'd be sewer then 'at it wor fresh, an' shoo wodn't care if they charged her a shillin' a pund for it, for shoo didn't come to Blackpool ivvery day i'th' year, an' shoo could affoord to be extravagant for an odd time. Aw hardly knew whether to believe em or net, for aw couldn't believe Mally'd be sich a fooil, but they said it wor a fact, an' as they tell'd it to ivverybody 'at coom in, an' put a bit moor to it ivverytime, it seemed to me at shoo must ha been tryin' to bargain for all th' show. When aw lukt up at th' clock aw couldn't mak aght whether it wor twenty minnits to eleven, or five minnits to eight, aw thowt it abaat time for me to be gooin' an' th' Quarium chaps sed they'd ha **to** be gooin' too. When we gate aghtside; one on em axed me if aw wanted to see Mistress Grimes', an' aw sed aw did, soa they sed aw should varry likely find her i' th' photograff shop next door, an' they show'd me th' rooad up th' steps an' then left me. Aw went lawmerin' into one raam after another, an' saw fowk sittin', as if ther wor waitin' ther turn to have a tooith drawn, but aw saw noa signs o' Mally. Aw wor just gooin aght when aw met a nice young woman (all th' young wimmin are nice at Blackpool,) an' aw axd her if shoo knew whether a certain woman ov the name o' Grimes had been to have her heead takken, an' sho smiled an' sed shoo couldn't tell, but if shoo had, aw should varry likely find it upstairs, i'th' operatin' raam, for that wor whear they executed em. Aw climbed up two or three moor sets o' steps, an' it landed me into a place like a big cucumber frame, an' seet at met mi gaze sobered me in a jiffy. Aw dooant know whether aw owt to tell or net, but Mally's soa fond o' tellin' all shoo knows abaat me, wol aw think its nobbut fair to pay her back wi her own coin.

Shoo wor thear! Th' woman 'at aw'd been wed to ommost three thirds o' mi lifetime! Thear shoo wor sittin' i'th' front ov a pictur o' trees an' temples an' aw dooan't know what, wi her heead propt agean a music stand, and her elbow restin' on a orange box covered wi a bedquilt, and in her hand, a secondhand copy ov a Blackpool directory for 1853, an' her een wor fixed on a piece o' orangeskin, stuck on a nail i'th' wall, wol opposite to her wor th' mognybox wi a piece o' brass stovepipe leveled fair at her heead, as if it wor baan to blow her brains aght, wol a chap wor caared daan at th' back on it wi his heead lapt up in a black linen apron. Aw could ha stood all this, an' even more o'th' same sooart, if it hadn't been for a chap at wor set o' one side. Aw'd seen him befoor an' aw knew him agean. It wor th' chap we'd met at th' Warkin man's palace. They'd nooan on em seen me, an' aw kept as quiet as a maase, but aw could feel mi blooid beginnin' to boil, an' mi finger ends fair tingled agean.

"Now Mrs. Grimes, keep perfectly still," sed th' chap at had had his heead i'th' box, "keep your eyes fixed on that object on the wall. Now then! Ready!" an' all wor as still as a graveyard at neet-time. It seemed a long time, but aw dooan't suppooas it wor aboon hawf a minnit when he hung his cap on th' muzzle o'th' machine, an' sed, "That'll do, thank you." "An thank yo," sed Mally, as shoo turned raand an' shook her gaon into shape. "Aw wonder what it'll be like?" shoo sed, turning to th' palace chap. "Oh, its sure to be excellent," he sed, "I shouldn't be at all surprised if all the ladies in Blackpool came for their portraits after seein' yours in the window. It's just your class of face that makes a good picture."

"Well, aw believe aw wor considered pratty tidy gooid lukkin, some years sin, but ovcoorse aw'm older nah nor aw wor once." "Oh, you're not at all old looking! just in your prime I should say. You don't look half as old as your husband," he sed. "Dooan't yo think soa? Aa! but yo should ha seen me once! Aw'd cheeks as pink an' white as a wax doll, an' a set o' teeth like piano kays, an' mi hair wor sich a length wol aw could sit on it," sed th' fooilish old madlin'

"I don't doubt it at all," he sed, "in fact I've often noticed when speaking to ladies who are, as we term it, getting into years, that they can generally remember the time when their hair was so long that they could sit on it. Young people are not the same now a days, Mrs. Grimes.

"A'a! now! When aw wor young a chap could ventur to pick up a lass i'th' street an' buy her bi weight, an' he wodn't be chaited an aance; but nah days, they're one hawf puff an' paddin', an' th' mooast on em, if they wor doft have noa moor shape in em nor a walkin' clooaspeg. Aw'm capt what young chaps can see in em."

"It is surprising! And for that reason I am glad I persuaded you to come here."

Aw'd just studden as mich as aw could, soa aw stept aght o'th' nick whear aw'd been standin', an' aw says, "Tha'll happen be moor glad when tha can perswade me to goa aght!" aw sed, as aw squared up to him. Aw nivver saw sich a change come ovver a chap i' my life! He jumpt up an' capered abaat th' hoil, like a doncin' Debra, an' when he'd getten aght o'th' raik o' mi neive, he shaated wi laffin' wol he wor blue i'th' face, an' th' maister coom to see what wor up.

"You are just in time Mr. Grimes," he sed, holdin' his hand aght to shake an' wishin' me gooid mornin'

"Aw think aw am just i' time," aw sed. "An' if aw ammat rayther too sooin for that chap aw'm capt. Aw'll pitch him cleean throo th' winder into th' seah if aw catch hold on him!" an' aw made a rush at him an' upset th' orange box, an' Mally, an' th' music stand,—but all to noa purpose, for he wor too sharp for me, an' slipt past an' daan th' staars like a flash, an' aw'd just sense enuff to know 'at aw'd had moor rum an' milk nor aw could safely carry at that speed withaat spillin', soa aw turned to Mally. Aw dooan't remember nah what aw sed, nor what wor sed to me, but aw know ther wor sich a hullabaloo i'th' hoil 'at fowk thowt th' wild beeasts had brokken lawse next door, an' a perleeceman ran for th' fire engines, an' after a while it all ended wi me sittin' daan an' havin' mi pictur takken to match Mally's, an' then we left. Just as we wor goin' away one o'th' Quarium chaps mooashuned us to him an' he sed "Mrs. Grimes had better call next mornin' for he believed th' conger eel wor going to have some pups, an' if it had they'd save her one;" but aw tell'd him aw thowt his pups wor likely to turn aght all cod, an' shood keep away throo th' plaice for th' futur. Then Mally slipt th' purse into mi hand, (a sewer sign 'at shoo knew aw wor mad, an' wanted to sweeten me up a bit,) an' sed, 'shoo thowt aw'd better be th' paymaister, an' get her summat to ait, an' shoo wor sewer aw must be wellny clam'd, for shoo'd noa idea o' bein' away aboon a minnit or two when shoo set aght, but them chaps had kept her tawkin' soa wol th' time slipt by withaat her nooaticin''

"But ha wor it tha wor wi yond chap gettin' thi pictur takken?" aw axt.

"Tha sewerly artn't gooin' to be jaylus i' thi old age! Tha owt to be praad at fowk tak a bit o' nooatice on me,—tha used to be once; an if aw havn't aght-lived mi gooid luks, its nowt aw can help, but aw'd leever be as ugly as old Scrat, nor be th' cause o' thee makkin sich a exhibition o' thisen as tha did this mornin' Fowk 'll think 'at tha darn't trust me aght o' thi seet. A'a! Sammywell, but tha wor different once, an' aw dooan't know what-ivver aw've done to mak sich a change come ovver thee; but tha must have a varry guilty conscience thisen, or tha'd nivver get sich ideas into thi heead. Aw wor just passin' th' pictur shop door this mornin' when fond towel ov a chap, at isn't fit to mak a mapclaot on to wipe th' floar whear tha has to walk, wor standin' tawkin' to th' likeness takker, and he lifted his hat as perlite as yo pleeas, an' started tawkin', an' then they axd me to have th' pictur o' mi heead takken to put i'th' winder, for they sed all th' clivver fowk at coom to Blackpool had ther pictur's takken thear to show i'th' winder, an' as he sed it 'ud cost me nowt aw agreed, an' aw'm sewer, (tho' aw say it misen,) at for weshin' or bakin' or managin' a haase, he's nivver had th' shape o' onny body clivverer nor me, an' if tha doesn't know it nah, tha will do when tha's lost me an' getten some poor shiftless thing into th' haase, at'll care for nowt but aitin' an' drinkin' an' makkin' away wi what aw've helpt to get together. A'a, dear! Laws o' me!" an' then shoo wiped her een, an' aw wor foorced to give in at once, an' aw tell'd her to think noa moor abaat it, for it wor all my fault, an' if aw hadn't had as mich rum an' milk aw should nivver ha takken onny noatice. An' soa we agreed nivver to mention th' matter agean, an' we nivver have done.

Its worth while to have a bit ov a row sometimes if its for nowt but th' pleasure ther is i' makkin' things up agean, an' aw dooan't think ther wor two fowk walkin' o' that promenade 'at felt happier nor we did when th' bit ov a dust had blown ovver. We craved for nowt but summat to ait, an' passin' th' Victoria ther wor sich a grand smell coom throo th' oppen winders 'at aw sed aw thowt we couldn't do better nor goa in. For a wonder Mally nivver raised a word o' objection abaat what it ud cost, an' soa aw made inquiries, an' they sed we could have dinner as it wor just on th' table. We walked in an' set daan at a long table 'at fairly dazzled mi een wi silver an' glass, an' it wor just as substantial as it wor showy, an' we wor i' famous fettle for it. Soup first, then fish, then beef, an' mutton, an' chickens, an' puddin', an' apple pie an' cheese, an' salery, an' as mich ale as aw could sup, an' Mally had three glasses o' wine wi a chap at set aside on her, an' aw heeard her tellin' him 'at it wor th' nicest stuff shoo'd ivver had to sup sin th' time at shoo wor daan wi th' cholera morbus, excepting once when Hepsaba's baby had getten mazzles. When we left that table, aw paid what they charged, an' if they'd charged as mich agean, aw should'nt o' grummeld, for we wor soa blown aght 'at we could hardly get throo th' door.

When aw'd getten a segar between mi teeth, an' Mally hook'd o' mi arm, aw felt as big as a bumbaylie, an' as consequential as a taan clark.

Th' watter wor as blue as a whetstun an' as smooth as a sheet o' glass, an' as some chaps wanted us to have a ride aght we engaged a booat for an haar. Th' chaps 'at went wi' us to row us, wor a better sooart nor some, an' th' booat wor varry comfortable, ther wor cushions oth' seeats an' rugs to put ovver us knees, an' when we'd getten made nice an' comfortable aw gave 'em sixpence to goa an' get summat to sup befoor we set off, for it wor a varry warm day.

As aw sat thear, wi' Mally at th' side on me, an' lapt up as snug as a couple o' twins in a creddle, th' booat risin' an' fallin' as gently as if it wor o' springs, an' just enuff breeze to mak all pleasant, an' th' waves makkin' music amang th' pebbles, aw thowt,—aw hardly know what aw thowt, for things seem'd to all blend together, an' aw felt too lazy to seperate 'em, an' aw shut mi een, an' when aw oppened 'em we wor just ith' same place, an' th' chaps wor sat daan ith' front on us, an' a craad ov abaat a hundred fowk gethered raand, starin' at us, tho' whear they'd sprung throo or what they wor lukkin' an' laffin' at aw failed to see. Mally wor asleep soa aw gave her a nudge ith' ribs wi' mi elbow, an' shoo lukt raand, a bit gaumless at furst, an' then seein' all th' fowk, shoo sed, "Tell them chaps to luk sharp an' lets be off or we'st have all th' fowk ith' taan gapin' at us."

"Dooant yo think its abaat time to mak a start?" aw sed to th' booat men. But they did nowt but grin, an' th' fowk standin' raand wor famously suited wi' summat.

"It's a pity yo wakken'd soa sooin," sed one o' th' chaps after a bit, yo should ha slept a while longer an' yo'd ha saved a neet's lodgin'"

"What's ta meean?" aw sed.

"Aw meean nowt," he sed, " nobbut its two haars

an' a hauf sin yo gate into that booat, an' yo've had an' haars sail an' been asleep an' haar an' a hawf, but we thowt we'd let yo have yor nap aght."

"Come on!" aw sed to Mally, "bith' heart! we've booath been asleep an' makkin' a laffin' stock ov ussen all th' afternooin! Awm blessed if aw dooant think at when we set off we owt to have somdy wi' us to luk after us, for we're nooan fit to be trusted." We did manage to climb aght an' stand o' land once moor, but it wor an' effort, for wi' bein' cronkt ith' booat soa long we wor as stiff as if we'd been made o' wood.

After we'd walk'd a bit, an' had a pint o' pop an' poorter mixt, (for we wor awful dry,) we felt all the better, an' ready for a neet's enjoyment.

As we passed th' Prince o' Wales' Theatre, ther wor a lot o' big pictures pasted up, an' the word "Patience" pasted all up an' daan th' doorhoil.

"What is ther in here?" sed Mally.

"Patience," aw sed.

"An' a gooid job too," shoo sed, "for they'll do wi' a lot ovver here. But aw reckon its some sooart ov a buzzar or summat."

"What's to do here to-neet?" aw ax't, ov some chaps standin' abaat.

"Patience," they sed.

"Hi, aw see that, but what is it all abaat?"

"'Patience' is th' name o'th' piece they're gooin' to play."

"Thank yo," aw sed, turnin' to Mally. "It's a theayter, an' they're gooin' to play a piece called 'Patience,' are we to goa in?"

"Thee pleas thisen; but tha knows aw dooant hold wi' theayters nor places o' that sooart, an' if aw wor at Bradforth aw wodn't be seen gooin into sich a place, for awr praicher says they're associated wi' wickedness; but bein' away throo hooam aw dooant suppooas it matters whether we goa or net." Soa we stood a while an' tawked abaat it an' then aw went for two tickets, an' th' chap 'at gave 'em me lukt like patience, for he wor set thear wi' nowt to do. When we gate inside aw lukt raand, an' aw couldn't caant thirty fowk i' all th' place, an' when th' curtain went up ther wor moor fowk engaged on th' stage nor ther wor i'th' front to watch 'em. It wor a piece at aw didn't know mich abaat an' aw couldn't quite understand it, but ther wor some clivver actin' an' some gooid singin', an' aw felt sooary ther worn't moor fowk to see it. When it wor ommost ovver, Mally says, "What does ta mak on it, Sammywell? Tell me what its all abaat."

"Aw connot," aw says," for aw've nivver seen it afoor."

"Well, tell me which is Jooab. Aw think if aw knew which wor Jooab aw could understand it better."

"What Jooab does ta meean?"

"What Jooab does ta think aw meean? Is ther moor nor one Jooab wi' patience? Aw think its time tha gave ovver scribblin' nonsense an' studied thi bible a bit moor. But aw'll ax somdy else," an' befoor aw could stop her shoo pooled th' coit lap ov a chap at wor sittin' i'th' front, an' says, "Wod yo pleas to be soa kind as to tell me which is Jooab, amang them show actors?"

He smiled, an' then he whispered,

"Job is not here to-night, his camel has got toothache and he's had to stop to put a poultice on." Aw saw Mally's umberel describe a circle, an' if that chap's heead hadn't bobd aght o'th' gate, he'd ha wanted a pooltice on. Mally wodn't settle after that, for nowt could reconcile her to th' idea o' patience withaat Jooab, soa we left befoor turnin' aght time.

A breeath o' cool breeze felt grand after been shut up in a stuffy place, an' aw didn't wonder at ther bein' soa few enjoyin' 'patience' inside when ther wor soa mich moor pleasur aght. Aw axt Mally just to wait whear shoo wor a minnit wol aw slipt raand th' corner, an' after makkin' me promise faithfully 'at aw'd be back inside five minnits, shoo let me goa. It wor nobbut a yard or two aw had to goa to find what aw wanted, soa shoovin' th' bottle into mi pocket an' th' cigar i' mi maath, an' wi' a bag full o' biscuits i' mi hand, aw wor at her side ageean in a minnit. We strolled on then towards th' south shore, till we coom to a empty seat, whear we could sit undesturbed an' rest us limbs, wol enjoyin' th' view o'th' shimmerin' seah, an' th' music at saanded sweeter wi' th' distance it had to float to raich us. Mally wor sooin' mumblin' away at th' buscuits wol aw wor havin' a quiet smoke. "Theas is varry nice, Sammywell," shoo sed, "but they're rayther dry."

Aw didn't spaik, but handed her th' bottle at wor i' mi pocket. "Tha has been thowtful this time," shoo sed, "Aw'll gie thi credit for once. But aw mud ha known, for aw nivver need have far to seek for owt o' this sooart if tha'rt onny whear abaat, for tha's allus some awther in thi or on thi, an' varry oft booath. Here tak hold an' sup, for tha knows if aw get as mich as 'll weet mi lips its all aw want." Soa aw tuk it an' put it to mi maath, an' aw dooant know which it wor, but awther th' chap aw'd bowt it on had gien me varry poor messur, or else when Mally wor weetin' her lips shoo must ha let some accidentally run daan her throit. Ther wor nobbut just enuff left to fill a hoil in a tooith at aw have i' mi lower jaw. "This is a deeal better nor spendin' yor time in a public haase," aw sed, "isn't it?"

"It is soa! an' aw wish aw could get thee allus to think soa. Public haases an' drink are th' ruination o' this country. Net 'at aw've a word to say agean a drop takken i' reason, but ther's varry few at can tell when they've had enuff.—Has ta tasted o' that i' thi bottle?"

"Eah, aw've just tasted but that's all."

"Well, it's a drop o' varry fair gin; an' a little taste ov a neet allus seems to do me gooid;—it's like as if it settles mi stummick an' stirs th' wind. If ther's a drop left awl just taste agean, if tha doesn't want it, for it'll be nowt worth if it's kept wol mornin'."

"Ther's nooan left, lass, but aw can fotch a drop moor, it's nooan far."

"An has ta emptied that bottle? Raillee, Sammywell, aw think thy inside must be copper lined or tha nivver could teem th' stuff into it 'at tha does! But dooan't fotch onnymoor for me, aw can do withaat as weel as wi it, but tha may go an' get another drop for thisen if tha likes,—but don't stop longer nor thart foorced, an' dooant sup it all befoor tha gets here."

A wink's as gooid as a nod to a blind horse. Soa aw tuk th' hint an' went for another drop, for it wor nobbut a varry little bottle, an' didn't hold mich. When awd getten it filled an' aw wor startin' off for Mally, aw met her commin' at full speed, an' seizin' me bi th' arm shoo says, "turn up here," an' shoo marched me up Church street.

"What's th' meanin' o' this?" aw sed, for aw felt sewer ther must be summat serious to do.

"It's all reight nah," shoo sed, stoppin' to get a bit o' breeath, "we've missed em."

"Missed who? What are ta tawkin' abaat?"

"Aw heeard em commin' an' aw could tell they wor on for some mak o' mischief, an' aw dooant want thee to be mixt up wi em. Aw think tha'd enuff o' that lot at Raikes Hall, an' ther shall be noa moor raikin' to-neet if aw can stop it, especially as tha's getten th' purse i' thi pocket." Aw agreed wi th' old lass, tho' aw didn't say soa, an' we took a raand-abaat-way hooam, for it wor soa pleasant 'at we wor i' noa hurry to goa inside. Th' public haases wor shuttin' up an' all th' winders wor i' darkness, but ther wor a deal moor fowk i'th' streets nor what aw should ha fancied;—mooastly young lads an' lasses; an' aw may mention here, 'at th' only blot on Blackpool's brightness, wor caused bi th' young, heedless, an' i' monny cases, innocent, young lads an' lasses, who excited wi havin' ther liberty, mixin' wi gaiety which wor novelty to em, an' indulgin' i' drink, to which they wor unused, an' unfit,—old heeads couldn't help but fear lest some o' ther memories might in after days revert wi regret an' remorse to whear ivvery remembrance owt to be rich wi pleasure.

We gate safely hooam at last an' Mally entertained me wi a lectur on th' blessins o' temperance, wol we emptied th' little bottle, an' then shoo went to bed leavin' me to follo when aw felt inclined, an' as aw didn't feel inclined just then, aw set th' winder wide oppen an' lit mi pipe an' indulged i't h' luxury ov a quiet think; an' mi thowts wor i' this train. Ha mich moor ther is i'th' world to be thankful for nor what ther is to grummel abaat; an' ha varry little we value days o' pleasur i' comparison to ha mich we ovver estimate moments ov pain. If a chap has tooithwark for a week it'll fit him to tawk abaat for th' rest ov his life, but he'll forget to mention th' months, maybe th' years ov gooid health he's enjoyed. Aw've oft nooaticed 'at when fowk tawk an' want to fix th' date o' owt, they'll ommost allus do it bi bringin' to mind some little calamity. If its a man, he'll say, 'Aw remember it wor abaat two year after aw fell daan Joa Smith's cellar grate,' —an if it's a woman shoo'll generally fix it bi some sich thing as—'When awr Caroline had th' typus fayver.' Aw once heeard a man an' his wife fratchin' abaat th' day they wor wed,—shoo sed it wor on a Setterday, an' he wor sewer it wor on a Monday, but settled it bi callin' to mind 'at their weddin' tuk place 'just two wicks befoor her ont Susy lost her market basket' an' that settled it, tho' aw couldn't help but think 'at it ud ha seamed moor reasonable to fix th' date when th' basket wor lost bi referrin' to th' weddin' day. But so it is,—we accept pleasure as a reight, and pain as a hardship. An' we act i'th' same way one to another. A friend may do us kindnesses for years, an' nivver be thanked or remembered, but if we think he's play'd us one shabby trick, he's seldom forgetten or forgien. But mi bit o' bacca's done nah, an' soa aw'll stop moralizin' an' goa to bed, an' aw'll try to feel thankful 'at ther's a bed for me to goa to.

CHAPTER TENTH.

HOOAM ONCE MOOR.

NEXT mornin', th' sun seemed to shine breeter an' th' air to smell sweeter nor ivver. We wor up i' goold time, for Mally had to goa aght an' buy some bits o' things to tak hooam for th' childer, soa after th' braikfast shoo went to do her marketin' an' aw went an' set daan on one o'th' seats on th' South shore whear all wor quiet, an' aw whispered to misen,

> Days, weeks, and months, will pass away,
>   Before again these eyes
> Shall watch thy restless waves at play,
>   'Neath these cerulean skies.
>
> It may be, ere that time shall come,
>   I have resigned my breath;
> This body in its silent house,
>   May sleep the sleep of death.
>
> These waves will still lap round thy shore,
>   Still fetterless and free;
> The skies beam brightly as of yore,
>   Though never more for me.

The busy throng may gaily tread
  Again thy glittering sand;
Pleased with the beauties round thee spread,
  By Nature's lavish hand.

Shall I be missed ? ah, no,—the song,
  The laugh and jest will pass;
And Pleasure lightly trip along,
  As though I never was.

Yet should this good-bye prove farewell,
  And I ne'er see thee more;
I trust I may be called to dwell,
  Upon a brighter shore.

Awd just getten soa far when aw wor startled wi' hearin' a voice awd oft heeard befoor.

"Are ta baan to sleep ?"

"Nay lass aw havn't thowt abaat sleepin' aw wor just thinkin' a bit. Has ta getten all thi marketin' done ?"

"Awve bowt as mich as aw can affooard, tha can oppen th' basket an luk." But befoor awd th' chonce shoo oppened it an' sed, "Nah, sithee,—that's a pair o' socks for awr Hepsaba's lad, they'll be rare an' warm for this next winter; an' this is hauf a pund o' glue for Ezra to put yond nops onto that kist o' drawers wi', an' this is a packet o' buttons for Ike, for he's allus walkin' abaat awther wi' his shirt neck oppen or his britches fessened up wi' a skewer, an' awve a quairt o' cockles an mussels to share amang th' naybors, an' they'll nivver know at we havn't gether'd 'em ussen, an aw think nah it's time tha stirred thisen or else we shall be too lat for th' train."

Soa withaat onny moor to do we set off an' wor sooin thrang packin' up. Aw dooant know why aw felt soa low spirited, but aw did, an' when all wor ready we sat waitin' for th' train time, an' a long dree time it seemed, but it coom at last, an' as a cab drave up to th' door, Mally shook her head, an' sed,—

"Sammywell, tha gets lazier an' lazier, ivvery day! As if tha couldn't ha' hugged them bits o' things daan to th' station asteead o' sittin' thear dooin nowt. If it worn't for me scrapin' an' savin' at ivvery turn we should finish up i'th' Bastile."

When we gate to th' train ther wor a rare lot waitin' an' a lot 'at we knew, but aw didn't want 'em for aw could see ther wor varry few teetotallers amang 'em an' aw felt as if aw should like to be quiet. But it wor noa use for as sooin as we gate into a carriage, a lot follerd us, and befoor we wor fairly aght o'th' station they wor singin' "Heave Ho, my lads," an' it worn't long befoor some on 'em had ther heeads aght o'th' winders an' did "Heave Ho," an' varry white they lukt when they sat daan agean. Then they started chaffin' me an' Mally, but it wor noa use for Mally went off to sleep, an' aw let 'em have all th' tawkin' to thersen. When they saw 'at they couldn't amuse thersen wi' us, they browt ther bottles aght an' passed 'em raand, an a drop o' varry fair stuff some on it wor. Then they tried another song or two but they fell varry flat an' furst one an' then another began noddin', an' it worn't long befoor they wor all saand asleep an' aw believe aw had a bit ov a dooaz misen. It wor a long slow journey, but we managed to get to Sowerby Brig at last, and then all wakkened up, an' throo thear till we gate to Bradforth they kept up sich a hulabaloo i'th' hoil wol aw couldn't hear misen spaik. When we landed aw thowt it's as weel to be hung for a sheep as a lamb, soa aw call'd a cab an' we went hooam i' stile, an' that suited Mally, for shoo sed it wor worth a shillin' to let th' naybors see 'at we hadn't had to come hooam becoss we couldn't affoord to stop onny longer.

Ov coorse, as sooin as shoo put her heead into th' haase, shoo sed shoo'd nivver seen sich a mucky, neglected hoil in her life, an' began to reckon ha long it 'ud tak her to put things to reights. Shoo seem'd rayther disappointed 'at th' childer didn't mak as mich fuss ovver th' presents shoo'd browt as shoo thowt they should, an' shoo sed th' next time shoo went shoo'd bring nooan on 'em owt, an' as for th' naybors, they mud shift for thersen, soa shoo cooked th' cockles an' mussels for th' supper.

Whativver else, awm sewer aw felt better for th' trip, an Mally's face wor like a full blown rooas.

When we went to bed at neet shoo sed shoo thowt 'at when shoo went th' next year shoo'd arrange soa as we could stop a bit longer, soa if we are spared to live it's net likely 'at this will be th' last trip to Blackpool after all.

WILLIAM NICHOLSON AND SONS, PRINTERS, WAKEFIELD.

NOW READY.

ELEGANTLY BOUND IN CLOTH, GILT EDGES,

Price Two Shillings. Post Free.

A SHEAF

FROM THE

MOORLAND:

A Collection of Original Poems.

By JOHN HARTLEY,

(THE YORKSHIRE POET.)

The following are a few of the Gems from the pen of this talented Author:—

- ANNIE LINN, THE MOORLAND FLOWER.
- AN ANGEL'S MISSION.
- THE BELLS.
- BIRDIE.
- BONNY NELLIE.
- CITY AND COUNTRY.
- A CLEVER FOOL.
- DAFFYDOWNDILLY.
- ELIZA, TWO DREAMS AND AN AWAKENING.
- GOOD FOR EVIL.
- GOLD'S THE THING.
- HENRIETTA.
- THE IDIOT'S GRAVE.
- LICENSED TO SELL.
- LONELY WITHOUT THEE.
- MY SILVER WEDDING.
- MUSIC OF THE SHELL.
- ONLY A SINGER.
- PETER THE PIEMAN.
- SECOND LOVE.
- A STRAY LAMB.
- SWAY THE COT GENTLY.
- WASHING DAY.

&c., &c., &c.

Published by W. NICHOLSON & SONS,
26, PATERNOSTER SQUARE, LONDON, E.C.

HARTLEY'S YORKSHIRE DITTIES, for an Evening's entertainment stand unrivalled, and whether used as public Recitations or for Private Parties, will command the utmost attention of those who listen to them. They are the most Humorous, Jolly, Exquisitely Original pieces ever written.

FIRST AND SECOND SERIES.   Price One Shilling Each.
OR BY POST 1S. 2D.

YORKSHIRE DITTIES,
BY JOHN HARTLEY

TO WHICH IS ADDED

THE CREAM OF WIT AND HUMOUR,
FROM HIS POPULAR WRITINGS.

Now Ready, Elegantly Bound in Cloth, Coloured Frontispiece.   Price 2s.   By Post 2s. 3d.

MANY A SLIP.
(A Domestic Romance.)   BY JOHN HARTLEY.

This is a work of great interest, and with the exception of one comical character, is free from dialectism. Mr. H. has evidently worked out the romance in such a skilful manner that it cannot fail to rivet the attention of the reader from the beginning to the end of the book.

"This is, we believe, Mr. Hartley's first attempt at writing a long story. It deals with life in a manufacturing town, with factories and factory girls, and a variety of characters and incidents of a more or less striking description. The interest of the story is well sustained from first to last, and we have no doubt it will be largely welcomed. The volume is neatly got up, and is creditable alike to author and publisher."—*Bradford Observer.*

ELEGANTLY BOUND WITH COLOURED FRONTISPIECE.

Price Two Shillings.   Post Free 3d. Extra.

A ROLLING STONE.
A TALE OF
WRONGS AND REVENGE.
BY JOHN HARTLEY

PUBLISHED BY W. NICHOLSON & SONS, LONDON, E.C.

John Hartley's Unrivalled Works.

Mr. Hartley's Works still maintain their popularity, not only in Yorkshire, but it extends to many parts of the Kingdom and the Colonies. His books have been highly reviewed, unasked, by the Press in Australia.

YORKSHER PUDDIN':

A COLLECTION OF THE

MOST POPULAR DIALECT STORIES,

From the Pen of JOHN HARTLEY.

(THE YORKSHIRE BURNS.)

Cloth, Price 2s. 6d.   By Post 4d. Extra.

"A collection of the most popular dialect stories, from the pen of John Hartley, author of "Yorkshire Ditties," "Seets i' Lundun," &c.—Some of these racy sketches having been for many years out of print, the publishers have done well in issuing them in the present handy and, indeed, handsome form, prefaced with a portrait of the author—a handsome, intellectual face, with the lips apparently in the act of whistling or humming a favourite air. The tales and poems, some forty in number, are varied in interest, but exceedingly characteristic, pathos and merriment impartially mingling with rustic simplicity and Yorkshire cleverness. The dialect, by no means difficult to read, is certainly less uncouth in southern eyes than the rich Doric of Edinburgh and the Scottish Lowlands."—*Bookseller, April*, 1877.

"The stories are, as a rule, full of point and character; they are wrought out with much literary tact. Amongst the old friends which will be widely welcomed, we may mention "Ther's a Mule i'th' garden," "It Mud ha' been War," "Sammy Bewitched," and "Owd Dawdles." There are about forty pieces in all, and we may fairly say that they represent Mr. Hartley perhaps as well as anything that he has previously published. For public readings this volume will prove a valuable acquisition."—*Bradford Observer.*

"Mr. Hartley is the most snccesful of Yorkshire humorists: he is the Yorkshire Burns, the Edward Waugh of Yorkshire, the man whose literary star is in the ascendant, whose writings stand in relief from all others of the same class."—*Wakefield Free Press.*

Published by W. NICHOLSON & SONS,
26, PATERNOSTER SQUARE, LONDON, E.C.

NOW READY.

YORKSHIRE TALES.

AMUSING SKETCHES OF YORKSHIRE LIFE.

IN THE YORKSHIRE DIALECT.

BY JOHN HARTLEY.

FIRST AND SECOND SERIES.

PRICE ONE SHILLING EACH.   EACH VOLUME COMPLETE.

CONTAINS:

FIRST SERIES.

Gooin in Trade.
Meddlin' Mary.
Our Granny.
Sweep! oh! Sweep!
A Neet at "th' Model."
Septimus's Breach o' Promise.
A Disgraceful Case.
Doycake an' Spectre.
Backsliding.
Sam's Supper.
Thowt's worth Re-thinkin.'
Nicodemus an' Obadiah.
Nah for Another Start.
"Love, Love, Beautiful Love."
Puttin' th' Best Fooit Forrad.
Th' Goblin Guide.
Th' Weddin' Neet.
Summat to be Praad On.
Owd Sticker.
A Pic-Nic.
Oh these Widders.

SECOND SERIES.

Born Soa.
Weddin' a Widdy.
Halifax Races.
Raand abaat th' Taan.
Trip to Scarbro.'
Gladstone's Visit to Leeds.
A Tiff.
Hard up.
Dorothy Dismal.
A Leeds Loiner's Lesson.
Strikes.
Tommy Wilkin's Flittin.'
Dick's Mistak.'
A Suit for a Clooas Prop.

LONDON: PUBLISHED BY W. NICHOLSON & SONS,
26, PATERNOSTER SQUARE, E.C., and Albion Works, Wakefield.

www.ingramcontent.com/pod-product-compliance
Lightning Source LLC
Chambersburg PA
CBHW020112170426
43199CB00009B/507